신앙의 관점에서 바라본 경제 · 경영

신앙의 관점에서 바라본 경제·경영

● 이경락 지음

율곡출판사

머리말

대학에서 교수라는 직함을 가지고 특정 분야의 학문을 연구할 수 있고 젊은 학생들을 가르칠 수 있다는 것은 인생으로서 큰 축복을 받은 일이라 생각이 든다. 갈수록 이 시간들은 더욱 소중하고 귀하게 다가온다. 가을의 낙엽이 붉게 물든 것처럼 저의 인생도 하나님의 인도하심으로 한 치의 오차나 버려짐 없이 온전하게 인도되고 있다.

다양한 분야의 사람들을 만나 서로의 관심과 생각을 나눌 수 있는 장이 부족한 저에게 펼쳐져 있다는 사실이 감사하기만 하다. 하나님의 부르심과 인도하심이 없었다면 그리고 자신의 경륜과 목적을 위해 제 삶에 관여하시고 다루신 신실한 손길이 없었다면, 현재의 저는 결코 없었을 것이다. 나의 주 나의 하나님께 이 모든 영광을 돌려드리고 싶다.

우리의 교육현장과 정치적 상황, 경제적 문제 등에 관해 저자가 2005년부터 2016년까지 간간히 발표하거나 피력해 온 자료들을 모아 『신앙의 관점에서 바라 본 경제 · 경영』 이라는 책자로 발간하게 되어 무척 흥분되고 즐거운 마음이 든다.

본 책은 다음과 같이 5개 장으로 구성되어 있다. 1장에는 예수의 전인적 삶이 우리 교육현실에 던지는 메시지를 담았고, 2장에서는 요셉이 취한 경제정책과 우리나라 고도성장기의 경제정책을 비교하였으며, 3장에서는 글로벌 금융위기의 원인을 인간의 탐욕과 도덕적 해이라는 관점에서 조명해 보았다. 4장에서는 성경에서 가장 난해한 부분에 속하는 불의한 청지기 비유에 나타난 주님의 마음을 나름대로 담아보려고 노력하였으며, 마지막 5장에서는 증권관련 집단소송제의 도입으로 도전받고 있는 공인회계사의 직업인격을 회복하기 위한 성경적 대안을 제시하였다.

몇 가지 현안 문제들(교육, 경제, 경영 등)에 대해 저자의 관점과 생각들을 제시하고 해결책을 제안하였지만 모든 문제의 중심에는 항상 타락한 인간의 본성이 있었고, 그 해답은 언제라도 그리스도 예수와 그 분의 말씀 외에는 없다는 결론에 도달하게 되었다. 인생의 문제는 복잡하고 다양하지만 하나님의 해답은 간결하고 분명하고 명확하다는 것이 확인되었으며, 이것이 나에게 영원한 소망이 되고 있다.

마지막으로 이 책자가 나오도록 도와주신 아름다운 손길들에 감사를 표하며, 이 책을 혹시라도 접하게 되는 분들이 있다면 나와 같은 인생의 해답과 소망을 갖게 되기를 기대해 본다.

2017. 8. 30.

안서골 연구실에서

목차

제3장 글로벌 금융위기와 도덕적 해이 현상

제4장 분식회계와 청지기 사명

제5장 공인회계사의 직업인격 회복방안

1. 들어가는 글

2. 예수님의 교육철학

3. 예수님의 교육방법론

4. 결론 : 현대교육의 문제점 진단과 예수님의 교육방법을 통한 해결책 제언

제1장

예수님의 삶과 가르침을 통한 교육경영

"Sermon on the Mount",

Carl Heinrich Bloch(1834~1890),

92 x 104 cm

1장 "예수님의 삶과 가르침을 통한 교육경영"은 로고스경영연구 제14권 제2호(2016. 6)에 게재된 논문을 기초로 재구성하였습니다.

1. 들어가는 글

예수님이 공생애를 통해 행하신 교육의 핵심을 한마디로 요약한다면 제자훈련과 제자교육이라 할 것이다(김영애 · 신호균, 2011). 예수님은 자신의 삶과 사역을 대신해 살아갈 제자들을 강력한 말씀의 선포와 특별한 양육과정을 통해 거듭나게 만들었다. 최초의 현대인으로 불리는 이탈리아 성직자 프란체스코 페트라르카(Francesco Petrarca, 1304~1374)는 대학에서 학문을 배우기 전에 먼저 인간교육이 전제되어야 한다고 주장하였는데, 그가 말한 인간교육은 성경말씀에 근거한 신앙교육이었다(주도홍, 2004).

오늘날 엄청난 교육적 자원(인적 · 물적 · 정신적 자원)이 투입되어 수많은 교육프로그램이 전 세계적으로 개발되고 있지만 예수님이 행하신 전인적인 인격의 변화라는 교육의 목표에는 이르지 못하고 있는 것이 현실이다. 현대 교육의 문제점 중 하나는 양적인 대량생산(계량적인 성과들, 취업률, 자격증 취득 등)에 치중하고 있어 예수님이 행하신 이 전인적 교육의 중요성이 깊이 성찰되지 못하고 있다는 것이다. 예수님은 소수의 제자들과 지속적인 관계를 가지면서 마지막 순간 십자가에서의 죽음이라는 극한 형벌에 이르렀지만, 자신의 전 삶과 인격을 공개하고 이를 제자들을 위한 교육의 기초로 삼으셨다.

육체의 몸으로 온 예수는 자신이 하나님의 아들이지만 아버지의 뜻을 완성하기 위해서는 십자가의 죽음을 받아들여야 한다는 것을 제자들에게 인식시켜야 했다. 이를 위해 예수는 자신의 전 존재—삶과 죽음과 부활—를 제자교육을 위해 활용하셨다. 이 사실은 초대교회의 사도들이 교인들을 가르치고 양육한 교육내용의 중심에 예수 그리스도 자신이 서 있었다는 점에서 보증이 된다(최갑종, 2004).

예수님은 공식적인 랍비 교육을 받지 않았지만 많은 사람들에게 랍비라고 불리울 만큼 해박한 율법 지식을 가지고 있었다. 그러나 무엇보다 중요한 사실은 자신이 하나님의 마음으로 율법을 해석하고 가르쳤기 때문에 직업적인 랍비들에게서는 볼 수 없는 놀라운 권세가 있었고 문자적인 해석으로 사람들을 율법에 갇히게 하지 않았다는 점이다. 오히려 율법으로 자신을 시험하거나 오류에 빠뜨리려는 자들 앞에서도 당당하게 율법을 선포함으로써 율법의 진정한 의미를 발견하도록 모든 사람들을 이끌었다. 그러므로 자신을 반대하거나 비난하는 사람들을 통해서도 예수님은 자신의 교육적 목표를 더욱 분명하고 공고하게 해 나갈 수가 있었다. 예수님은 난해하거나 영적으로 깊은 의미가 있는 내용들에 대해서는 다양한 비유와 우화 등을 활용하였고 제자들과 함께 먹고 마시며 자고 생활하면서 자신의 삶의 모든 부분까지 공급하였으며 친히 가르친 바를 제자들이 실습(경험)할 수 있도록 두 명씩 짝을 지어 파송함으로써 교육적 효과를 극대화해 나갔다. 또한 승천하시기 전 "내가 너희에게 분부한 모든 것을 가르쳐 지키게 하라(마 28 : 20)"고 말씀하신 예수님을 볼 때 그는 자신의 가르침에 대해 완전한 확신을 가지고 계셨으며 수없는 반복교육을 통해 이를 확증하고 제자들에게 유증하려 했다는 점을 발견할 수 있다(김아영 옮김, 2015).

본 장에서는 예수님이 자신의 삶과 죽음의 전 과정을 통해 보여주신 다양한 교육적인 사례들을 통해 오늘날 교육의 문제점을 진단하고 참된 의미의 교육과 살아 숨 쉬는 교육적 방법론을 도출해내고자 한다.

2. 예수님의 교육철학

2.1 분명한 교육목표

교육과정이나 교육방법론도 중요하지만 교육에 있어서 가장 중요한 것은 교육을 통해 달성하고자 하는 교육목표일 것이다. 예수님은 제자들을 부르실 때나 가르치실 때 확고하고 흔들림이 없는 분명한 목표와 목적을 가지시고 행동하셨음을 보게 된다. 예수님은 언제나 일관되고 확고한 교육목표가 있었고 이것은 어떠한 환경에서도 변하지 않았으며 수미일관되게 현실 속에서 구체화되어 나갔다. 예수님의 교육목표는 제자들이 하나님을 영화롭게 하는 그 나라의 백성으로 살아감으로써 만민에게 이 천국 복음이 전파되게 하는 데 있었다. 이를 위해 그물 던지던 베드로를 불러 사람을 낚는 어부가 되게 하시고 그물 깁던 야고보와 그 형제 요한을 불러 교회를 보수하는 사람으로 양육하셨다(마 4 : 18~22).

인생은 "세상의 소금이며 빛이므로 너희 착한 행실을 통해 하나님께 영광을 돌려야 한다"고 예수님은 말씀하셨다(마 5 : 13~16). 인생의 역할은 어둠을 밝히는 자연의 빛과 같고 부패됨을 막고 음식의 감칠맛을 내게 하는 소금과 같음을 자연 내의 물질을 통해 비유적으로 설명하셨다. 빛과 소금이 없다면 세상은 흑암과 부패로 가득할 뿐 아니라 우리가 먹는 음식도 제대로 된 맛을 내지 못하게 되어 무미건조한 세상이 될 것은 너무도 자명하다. 세상의 수많은 물질이 있지만 예수님은 오직 빛과 소금이라는 두 가지만을 통해 인생의 역할과 본분을 완전하게 가르치신 것이다.

2.2 어릴 적부터 형성된 인생관과 자아정체성

누가복음 2장 40절 이하에서는 예수님이 열두 살 되던 해에 맞이한 유월절을 지내기 위해 부모와 같이 예루살렘에 머물다 생긴 일화를 소개하고 있다. 열두 살이 될 때까지 예수님은 강하여지고 지혜가 충만하며 하나님의 은혜가 그의 위에 있었다고 소개되고 있다. 예수님의 어린 유년시절에 대한 많지 않은 기록 중에 이 유월절 사건은 그가 얼마나 하나님과의 완전한 관계 속에서 성장하였고 하나님을 자신의 아버지로, 성전을 아버지(자기) 집으로 완전히 인식하고 있었는가를 보여주고 있다.[1]

한편, 예수가 예루살렘에서 유월절을 지내면서 발견하게 된

---

1 누가복음 2장 49절 말씀 : 예수께서 이르시되 어찌하여 나를 찾으셨나이까 내가 내 아버지 집에 있어야 될 줄을 알지 못하셨나이까 하시니

가장 중요하고 분명한 자아정체성은 모세 때부터 희생동물로 수없이 제단에 바쳐진 어린 양이 바로 예수 자신이라는 사실이었다. 예수는 자신이 하나님이 준비한 유월절 어린 양이며 하나님의 희생제물로 자신의 인생이 쓰여질 것이라는 사실을 인지했던 것이다. 예수는 하나님의 이 뜻을 순종하여 받들며 어린 시절을 보내었을 것이고, 이러한 순종의 삶이 하나님과 사람 모두에게 사랑스러운 모습으로 비쳐졌을 것은 너무도 자명한 일이다.

어린 열두 살의 아이가 자신의 정체성과 인생관을 하나님과의 관계 속에서, 그리고 하나님의 아들로, 하나님이 친히 준비한 어린 양으로 발견했다는 것은 놀라운 인식의 전환인 것이다.[2] 예수가 일찍이 인식한 어린 양의 운명은 세례요한이 요단강으로 세례를 받기 위해 나아오시는 예수님을 보고 "보라 세상 죄를 지고 가는 하나님의 어린 양이로다(요한복음 1장 29절)"라고 선포함으로써 온 천하에 확증되었던 것이다.

---

2 예수가 어린 나이지만 이러한 삶의 정체성을 가지게 된 배경에는 그의 심령이 너무도 가난했다는 측면을 고려해 보아야 할 것이다. 예수는 육신의 아버지인 요셉과 유년 시절을 보내면서 영원한 아버지에 대한 강렬한 소망과 참 아버지 집에 대한 간절한 마음이 생겨났을 것으로 보여진다.

3. 예수님의 교육방법론

3.1 형식보다는 실재(내용, 본질, 마음)를 가르치심

회계학에서도 경제적 사건이나 거래를 인식할 때 법적 형식보다는 거래의 실질(substance over form), 즉 경제적 현실을 고려하여 측정 · 보고해야 한다고 규정하고 있다(재무보고를 위한 개념체계, 문단 4.6). 즉, 합리적인 의사결정을 원하는 정보이용자들에게 거래의 본질을 제대로 전달하기 위해서는 외형이나 형식보다는 거래의 실제적인 내용이 무엇인지를 파악해서 전달해야 한다는 논리이다.

예수님의 가르침의 특징도 이와 일맥상통하다 할 것이다. 그의 가르침의 일관된 흐름은 율법의 형식이 아닌 본질(내용, 마음)에 있었다. 하나님과의 온전한 관계 안에 있는 분과 하나님께 범죄함으로써 관계가 단절된 인간이 율법을 이해하고 받아들이는 관점에 본질적인 차이가 나는 것은 너무도 당연하다. 율법이 예수님에게는 사랑하는 아버지의 음성이었지만 범죄한 인간들에게는 종에게 들려오는 상전의 엄한 명령이었다.[3] 즉, 율법을 통해서

---

3 하나님을 엄격하고 벌 주는 분으로 인식하는 사람들은 낮은 자아상을 가지고 있는 경향이 있다(박원기 옮김, 2010).

인생에게 말씀하고 싶어 하시는 하나님의 마음에 예수님은 깊이 관통하고 있었다. 간음과 살인에 대해서는 형식적인 율법의 준수만이 아닌 본성적인 구별을, '눈에는 눈, 이에는 이'로 보복하는 것만이 인생의 길이 아님을,[4] 금식하고 구제하거나 기도할 때 사람에게 보이기 위해 외식적으로 하는 것이 아니라 하나님 앞에서 오직 하나님의 영광을 위해 모든 것을 행하는 것이 인생의 본분임을 분명히 인식하셨기에 이를 누구보다 분명하고 철저히 가르치셨다(마태복음 5장~6장).

3.2 비유를 활용한 효과적인 교육방법

도널드 핀켈(Donald L. Finkel)의 저서 『침묵으로 가르치기(문희경 옮김, 2012)』에서는 비유를 통한 교육법은 다음과 같은 장점이 있음을 강조하고 있다. 첫째, 비유는 훨씬 길고 복잡했을지 모

---

4 『죽기 전에 한 번은 유대인을 만나라(김무겸 옮김, 2014)』의 저자인 유대교 랍비 조셉 텔루슈킨은 "누군가 당신을 죽이려 한다면, 일찍 일어나 먼저 그를 죽여라(바빌로니아 탈무드, 산헤드린 72a)"는 가르침에 근거해 국가적 위기를 타개하기 위해 이스라엘이 일으킨 6일 전쟁이나 1980년대 초 원폭생산이 가능한 이라크 원자로를 폭파한 것을 정당한 조치로 받아들이고 있다.
그러나 예수님은 불의한 자들이 지우는 십자가의 형벌을 몸소 받으심으로 사망에 매여 종노릇하는 온 인류를 구속하여 새생명의 길을 열어 놓으셨다. 이를 통해 예수님은 인류가 하나되는 유일한 방법은 십자가의 길임을 온 만방에 선포하셨다.

를 교육과정을 압축해서 단순하게 만들어 준다. 둘째, 비유를 활용하면 의미가 명료하지는 않지만 서술식으로 나열하는 것에 비해 재미도 있고 학습자로 하여금 많은 생각을 하게 만든다. 셋째, 보통 심오하거나 소중한 지혜를 전달할 때 비유를 활용하면 시간이 오래 지나도 잊혀지지 않고 학습자에게 교육적 효과를 극대화할 수 있다.

마가복음 4장의 씨 뿌리는 비유는 하나님 나라의 비밀을 제자들에게만 열어 보여주려고 예수님이 하신 말씀인데, 이 비유가 다른 비유들에 비해 가장 기본적이고 중요한 비유임을 강조하고 있다.[5]

타국에 나간 농장 주인이 소출을 수확하기 위해 대신 보낸 종은 물론이고 상속자인 아들까지도 죽이고 포도원을 차지하려 한 불의한 농부들에 관한 비유는 마가복음 12장에 나온다. 이 비유를 통해 예수님은 하나님의 종인 선지자들을 죽인 자들이 하나님 아들인 자신마저 죽이고자 음모를 벌이고 있는 현실을 빗대어 바리새인들의 위선과 악함에 대해 경종을 울리고 있다.

누가복음 13장에서는 겨자씨와 누룩의 비유를 통해 하나님 나라는 처음에는 아주 작은 것에서 시작하지만 결국에는 큰 나라

---

5 마가복음 4장 13절 말씀 : 또 이르시되 너희가 이 비유를 알지 못할진대 어떻게 모든 비유를 알겠느냐

를 이루는 특징이 있음을 명료하게 설명하셨다. 누가복음 14장에 나오는 큰 잔치의 비유에서는 하나님 나라의 잔치에 초대를 받았으나 자신의 일상적인 일들 때문에 외면한 사람들은 누구도 그 잔치에 참여할 수 없음을 경고하고 계신다. 누가복음 15장에는 잃은 양을 되찾은 주인의 즐거움, 잃어버린 열 드라크마를 집안 구석구석을 뒤져 되찾은 한 여인의 기쁨, 그리고 재산을 탕진한 둘째 아들을 되찾은 아버지의 넘치는 기쁨이 비유로 소개되어 있다. 이 반복되는 비유들을 통해 예수님은 자신을 비난하는 바리새인과 서기관들에게 아버지 하나님의 마음은 자신에게 나아오는 가난하고 비천한 이 죄인과 세리들로 인해 기쁨이 충만하다는 사실을 강조하신 것이다.

주인의 재산을 탕진한 불의한 청지기에 관한 누가복음 16장의 말씀은 가장 이해하기 어려운 말씀으로 분류된다. 다만 이 비유의 말씀을 통해 예수님은 하나님과 재물을 겸하여 섬길 수 없음을 선포하고 계신 것은 분명하다.[6]

마가복음 4장 33절과 34절에는 예수님께서 많은 비유로 말씀을 가르치시되 비유가 아니면 말씀하지 아니하시고 다만 혼자 계실 때에 그 제자들에게 모든 것을 해석하셨다고 말씀하고 있다.

---

6 주인의 재산을 탕진한 불의한 청지기에 관한 말씀은 4장 "분식회계와 청지기 사명"에서 구체적으로 다루고 있다.

이를 통해 예수님은 하나님 나라의 전파와 제자들의 교육사역에서 비유를 얼마나 중요하게 활용하셨는지를 알 수 있다(성태경 · 성기정, 2010).

3.3 함께 생활하심으로 가르치심

예수님의 가르침은 강단에서만 이루어지는 현학적이거나 지식적인 차원의 것이 아닌 제자들과 함께 먹고 마시고 생활하심으로 자신의 전 인격을 그들에게 분배하는 과정이었다(이병원, 2008). 후에 사상가 듀이(John Dewey, 1859~1952)가 "학습은 배움 이전에 혹은 동시에 삶이다"라고 설파한 것은 이러한 예수님의 생활하시면서 가르치는 것이 얼마나 탁월한 방법인지를 증명하는 것이다. 또한 "지식은 반드시 살아 숨쉬고 있는 사람 안에서만 생명력을 갖는다"는 학습혁명보고서의 내용과도 합치하는 것이다(한숭희, 2000).

예수님의 가르침과 제자들의 배움의 과정은 요즘 인기 강의처럼 비인격적인 대단위 지식전달식 강의가 아니라 소수와의 긴밀한 인격적인 관계였다. 즉, 관계를 기반으로 한 교육, 생명을 분배하는 교육, 자기 자신의 전 존재를 제자들에게 나누어 주는 과정이었다. 이 과정에서 제자들은 예수의 성육신과 인간적인 모든 부분까지 먹고 마시고 경험하게 되었던 것이다. 결국 예수의 제자들은 하나님의 아들로서의 그의 진면목에 직면하게 되었고 "태초부터 있는 생명의 말씀이신 그리스도에 관하여는 우리가 들었고 우리 눈으로 똑똑히 보았으며 손으로 직접 만진 바라(요한일서 1장 1절)"라고 고백하게 되었다.

예수가 전한 모든 가르침은 제자들에게 지식의 수준이 아닌 생명과 본질로 고스란히 심어졌고 이것이 제자들을 완전히 다른 차원의 삶으로 바꾸어 놓게 만들었던 것이다.

3.4 연약한 자를 받으심을 통해 가르치심

현대 교육은 좋은 인성과 자기관리능력, 정보화 및 외국어 능력, 전공지식을 융복합해서 응용할 수 있는 능력 등 다방면으로 능력 있는 인간의 배출을 목적으로 한다. 그러나 예수님이 지향하신 교육의 방향은 어찌 보면 현대교육의 목표와는 상반된다고 할 것이다. 서로 남보다 크고 위대해지고자 하는 제자들의 마음을 아시고 예수님은 어린아이를 데려다가 곁에 세우시고 너희 중에 가장 작은 자가 가장 큰 자라고 말씀하셨다. 즉, 크고 높아지려고 하는 자들 가운데 가장 연약한 어린아이를 통해 깊은 가르침을 주셨다(눅 9 : 46~48).

또한 연약한 자를 통한 예수님의 가르침은 값진 향유를 예수님의 머리에 부어 허비한 죄 많은 여인의 사건에서도 잘 나타나 있다(눅 7 : 36~50, 마 26 : 6~13). 제자 중 하나인 가룟 유다는 이 여인이 값비싼 향유를 쓸데없이 허비하고 있으며 이를 팔아 가난한 자들에게 주었다면 더욱 효율적이지 않느냐는 합리적인 견해를 피력하였다. 그러나 예수님은 이 사건을 통해 이 가난한 여인의 마음을 깊이 받으시고 복음이 전파되는 곳마다 이 여인이 한 일도 함께 전파될 것이라고 말씀하셨다. 가난한 자는 항상 너희와 함께 있으나 나는 너희와 항상 함께 할 수 없고 얼마 지나지 않으면 십자가의 죽음을 받아들여야 하는데 이 여인이 나의 장례를 미리 준비하였다고 해석하셨다.

우리는 오늘날 자신의 내면을 성찰하고 자신이 연약한 존재라는 것을 인정하고 받아들이기보다는 자신을 우주의 중심으로 보고 보다 나은 명성과 성공을 얻고자 하는 욕구가 급증한 자아 극대화의 시대를 살아가고 있다(김희정 옮김, 2015). 그러나 이 두 가지 사건을 통해서 예수님은 효율성을 빙자해서 자신을 높이고 남들 위에 군림하고 싶은 제자들 앞에서 오히려 연약한 어린아이와 죄 많은 한 여인의 마음을 깊이 받아들임으로써 참 가르침을 실행하고 있다. 예수님은 자신에게 생명으로 반응하는 연약한 이들의 자연스러운 행동을 일체의 경제적 논리나 효율성, 꾸며지고 포장된 그 어떠함으로 변형시키지 않고 있는 그대로 받으심으로 자신의 가르침이 무엇을 지향하고 있는지를 웅변적으로 설파하셨다.

3.5 행함으로 가르침을 완성하려 하심

예수님의 가르침의 특징은 궁극적으로 제자들을 행함으로 이끌어 자신의 가르치심을 완성하려 하셨다는 점에서 매우 실제적이다. 누가복음 10장에서는 예수님이 70명의 제자들을 각기 두 명씩 짝을 지어 미리 정해진 도시와 마을로 보내어 천국복음을 전파하게 하셨다. 주님은 자신이 가르치신 것을 제자들이 직접 현장에서 사람들을 만나 경험해보고 체험해보도록 함으로써 교육의 효과를 구체화해 나갔음을 보게 된다. 키에르케고르(Kierkegaard, 1813~1855)는 기독교의 증거란 진실로 따름에 있다고 선언했으며 칼 바르트(Karl Barth, 1886~1968) 역시 오직 말씀의 준행자만이 참된 청취자라고 말하였다(박원기 옮김, 2010).

마태복음 7장 15절-27절 말씀에서는 "나의 말을 듣고 행하는 자는 그 집을 반석 위에 지은 지혜로운 자이나 행하지 않는 자는 그 집을 모래 위에 지은 어리석은 자"라고 행함의 궁극성에 대해 강조하고 계신다. 마가복음 11장 12절~25절 말씀에서 열매 없는 무화과 나무를 저주하신 사건이나 누가복음 10장 25절 이하에서 위기에 처한 행인을 구한 선한 사마리아인의 비유는 예수님의 가르침은 단지 수동적인 명상이 아닌 오직 자기 십자가를 지는 삶임을 보여주는 말씀인 것이다. 요한복음 14장 15절에서도 "너희가 나를 사랑한다면 내 계명을 지킬 것이다"라는 말씀을 하심으로 주님은 얼마나 우리의 실제적인 행동을 통한 자라남을 원하시는 분인지를 발견하게 된다.

3.6 반대자들을 통한 교육효과의 극대화

율법학자들과 바리새파 사람들이 간음하다 현장에서 잡힌 여인을 데리고 와서 예수님을 시험하는 장면이 요한복음 8장에 제시되어 있다. 모세의 율법에 따라 그 여인을 돌로 쳐 죽이라고 한다면 예수님은 더 이상 용서와 사랑을 실천하는 자가 될 수 없을 것이고, 만일 간음한 여인을 용서한다면 모세의 율법을 범하고 하나님을 무시한 자가 되기 때문에 예수를 고발할 구실을 찾고자 함이었다. 사실 모세의 율법은 하나님의 인생을 향한 사랑의 표현이고 고백이다. 진리나 지식은 단지 객관적인 사실들의 묶음다발이나 인간이 반드시 지켜야만 하는 규례들로만 구성된 것은 아니다. 모든 진리나 지식은 사람을 통해 재해석되어진다. 따라서 하나님이 주신 모세의 율법이라 할지라도 사람이 그 율법의 진정한 의미가 무엇인지를 깨닫고 이해하지 못한다면 율법을 하나님의 마음으로 받아들일 수는 없다.

애들러와 밴 도렌(Mortimer Adler and Charles Van Doren, 1972)은 자신들의 고전적 작품 『어떻게 책을 읽을 것인가?』에서 현실을 진정으로 반영한 사실들은 바뀔 수가 없지만, 그렇지 아니한 사실들은 한 시대에 사실로 받아들여졌던 명제들이 더 이상 다른 시대에는 사실로 여겨지지 않는다는 점에서 어느 정도 관습적임을 주장하였다. 예수님에게 모세의 율법은 관습적인 규례가 아닌 인간을 살게 하고 살리려는 하나님의 의도와 사랑으로 받아들여졌고 해석되었다. 이것은 예수가 하나님과의 올바른 관계 안에서 율법의 본질을 직시할 수 있는 생명력과 직관력을 지니고 있었기 때문이었다.

따라서 예수님은 피상적이고 관습적인 율법에 대한 이해를 바탕으로 자신을 반대하는 자들을 대하면서도 율법의 진정한 의미를 살려낼 수 있었다. 예수는 모세의 율법에 따라 간음하다 현장에서 잡혀 돌에 맞아 죽어야만 했던 한 여인에게도 용서와 사랑(즉, 하나님의 마음)을 실행(대행)할 수 있었던 것이다. 이 사건을 통해 진리와 지식에 대한 진정한 이해와 해석을 가진 자는 어떠한 난관과 어려움 앞에서도 진리를 더욱 진리되게 함을 알 수 있다. 즉, 궁극적 본질을 이해하고 자신의 삶으로 살아내고 있는 교육자는 이러한 어려운 과정을 통해 오히려 교육의 본질을 극대화해 나갈 수 있는 것이다.[7]

3.7 불의와 타협하지 않으심으로 가르치심

이스라엘의 구약 역사를 살펴보면 죄의 특성은 개인적인 차원을 초월하여 매우 단체적이며 사회적이라는 점을 발견하게 된다(박원기 옮김, 2010). 소돔과 고모라와 같은 도성의 부패함, 그리고 고라 지파의 사악함으로 전체 지파와 도성이 하나님의 심판을 받게 되는 것이 그 실례에 속한다. 인간의 본성은 규모가 작은 악이라도 방치했을 경우 그들이 속한 사회에 급속히 파급되어 심각한 상황에 이르게 한다. 예수님 당시에도 이스라엘 사회의 종교적 권위화, 율법화, 형식화, 세속화 등이 만연하고 있었지만 이러한 악이 심판받기는커녕 권위를 행사하면서 사회 깊숙히 영향을 미치고 있었다.

---

7 켄베인은 본인의 저서 『최고의 공부(2015)』에서 피상적이고 전략적인 학습의 위험을 지적하였다. 반면, 주어진 사실이 이미 배운 것과 어떻게 연결되는지 파악하려고 끊임없이 노력하는 심층적 학습자의 역동성과 창의성을 강조하고 있다. 예수는 율법 속에 깊이 내재되어 있는 하나님의 마음과 본질을 발견했으므로 율법의 조문에 매이지 않고 사람을 살리는 자유함과 유연성을 보여주었다.

예수님은 이러한 상황에서 잘못된 권위와 타협하거나 그 권위에 동화되지 않고 진리의 파수꾼으로 당당히 서서 진정한 가르침을 행하셨다. 예수님은 성전에서 장사하면서 이권을 행사하는 제사장들과 이들과 결탁된 무리들을 향해 단호하게 대응하셨다. "내 아버지의 집을 강도의 소굴로 만들지 마라. 내 아버지의 집은 만민이 기도하는 집이니라(누가복음 19장 46절)"라고 하신 예수님의 모습에서 하나님과 자신과의 올바른 관계와 하나님의 집의 용도에 대한 분명한 인식을 가진 분임을 발견하게 된다.

3.8 순종과 사랑하심으로 가르치심

예수님의 가르침의 밑바탕에는 하나님께 순종하심과 인간에 대한 깊은 사랑과 용서가 전제되어 있다. 그의 가르침은 자신의 생각이나 깨달음을 자의로 전달하는 것이 아니라 철저히 하나님의 뜻대로 살아가는 한 인격의 표현이었다. "내 아버지께서 이제까지 일하시니 나도 일한다(요한복음 5장 17절)"는 말씀의 선포와 더불어 그의 전 일생은 순종의 삶이었으며 이것이 그를 십자가에서 죽기까지의 복종 안으로 이끌었다.

그의 가르침은 사단의 종이 된 인간을 그 올무에서 해방시켜 하나님 아들로 그의 백성으로 회복시키는 구속사적 의미를 내포하고 있다. 그러므로 단순한 지식의 전달이나 철학적인 깨달음도 아니었으며 인간이 당면한 문제에 대한 즉문즉답식의 해결책도 아니었다. 이로 인해 많은 사람들이 예수의 삶의 본질적 의미를 깨닫지 못하고 주위를 위성처럼 맴돌다 가버리거나(요한복음 3장) 자신들의 육신적인 문제가 해결되면 더 이상 그를 따르지 않았으며, 결국에는 생명의 주를 버려버리고 말았다(요한복음 6장). 따라서 영생이신 예수 자신보다는 선한 일을 행함으로써 영생을 취하고 싶었지만 재물에 대한 집착 때문에 오히려 근심하며 되돌아간 부자(마태복음 19장 16절~30절)나, 자신들의 육신적 기대와 전혀 다른 길을 가는 스승을 배반하고 팔아버린 베드로나 가룟 유다 같은 제자들도 나타나게 되었다.

그 분의 하나님께 대한 순종의 삶과 가르침은 많은 사람들에게 부딪치는 돌이 되어 스스로 걸려 넘어지거나 심판이 되었으며, 결국에는 그를 십자가에 철저히 버리게 만들었다. 이러한 모든 사실들은 예수의 가르침이 단지 객관적 지식의 전달이 아닌 자신의 삶과 존재 그 자체였음을 입증하는 것이 되었다. 그의 존재적 진실은 십자가에 죽으심에서 결정적으로 증명되었으나 제자들은 이 진실을 깨닫지 못하고 세상으로 되돌아가고 말았다. 그러나 결국에는 그의 삶의 증인이 되어 죽기까지 그 분을 증거하는 삶을 살아가게 되었다. 예수의 존재적인 삶과 전인적인 가르침은 제자들을 통해 교회로 드러나게 되었고 오늘날 교회는 예수의 삶의 실현(열매)이자 증거로, 그리고 세상의 빛과 소금으로 살아 숨쉬며 역사하고 있다.

3.9 제자들의 실수를 통해 가르치심

성경에서는 야곱과 다윗 같은 믿음의 선진들을 다룰 때 그들의 인간적 약점을 포장하거나 꾸미지 않고 있는 그대로 노출시킨다. 이러한 사실은 믿음과 신앙은 우리의 노력이 아니라 하나님의 선물이며 하나님의 확고한 사랑과 언약에 기초하고 있음을 보여주는 것이다(박원기 옮김, 2010). 사도 바울 역시 전도여행을 하면서 형제들과의 불화에 휩싸이기도 했으며 철학적 논쟁에 말려들어 본질을 놓쳐버리기도 한 인간적 결함을 지닌 사람이었다. 예수의 수제자인 베드로는 성격이 급하여 화를 잘 내는 편이었고 십자가로 끌려가는 스승을 보호한다는 사명감으로 대제사장 말고의 귀를 칼로 자르다가 예수님으로부터 엄한 책망을 듣게 된다. "네 칼을 도로 칼집에 꽂으라. 칼을 가지는 자는 다 칼로 망하느니라"(마태복음 26장 52절). 예수님의 이 말씀을 통해 당시의 상황이 얼마나 긴박했는지를 알 수 있는데, 이러한 엄한 경고로 성질 급한 베드로를 통제하지 않는다면 십자가 사역이 모두 수포로 돌아갈 수밖에 없다는 절박함에서 나온 말씀이었다.

예수님의 머리에 향유를 붓고 그의 죽으심을 기념하던 가난한 여인이 제자들로부터 책망받았을 때 예수님은 표면적인 것만 보고 판단하는 제자들을 향해 이 여인이 행한 일의 본질이 무엇이라는 것을 분명하게 나타내심으로 가르치셨다(눅 7 : 36~50, 마 26 : 6~13). 누가복음 9장 44절 이하에서는 십자가를 향해 가는 스승 앞에서 누가 더 큰 자인지를 두고 다투는 제자들의 이야기가 나온다. 이 때, 주님은 천국에서는 가장 작은 자, 즉 섬기는 자가 큰 자라는 사실을 선포하심으로 철없는 제자들을 하나님 나라와 복음의 핵심 안으로 이끄셨다.

우리는 인간의 실수를 책망하는 데 그치지 아니하시고 끊임없이 자신의 가르침을 펼치시는 예수님을 통해 그 분의 삶에 대한 사명감과 성실성을 발견할 수 있다.[8]

---

8 훌륭한 가르침은 교사의 정체성과 성실성에서 나온다(이종인 · 이은정 옮김, 2008).

4. 결론 : 현대교육의 문제점 진단과 예수님의 교육방법을 통한 해결책 제언

현대교육은 지식정보의 대량유통으로 인해 지식의 전달자와 학습자 간의 인격적 관계가 미약해졌고 이로 인해 비인격적 관계에서 파생되는 많은 문제점들이 생산되고 있다. 예를 들면 실무적응력이 취약한 이론 중심의 교육, 교육철학의 부재, 학습자들의 편협한 학습방법으로 인한 창의성 결여, 공급자 중심의 획일화된 교육으로 특성화된 개인이 성장할 수 있는 환경의 부재, 교육주체들의 집단 이기주의로 인한 교육의 정체성 상실, 공교육 고착화로 인한 심각한 교실붕괴 현상 등 한국교육의 현주소는 개선이 아닌 가히 혁명적 전환이 필요한 시점으로 평가된다(한숭희, 2000).

어디서부터 무엇을 손질해야 하는지에 대해서도 사회적 갈등이 증폭되고 있으며 공교육의 실패에 절망한 의식 있는 교육자들이 새로운 시도들(대안학교, 홈스쿨링, 하브루타 수업, 캡스톤 디자인, 프로젝트 중심 교수법 등)을 끊임없이 전개해 나가고 있다. 그러나 교육과 관련된 이러한 현상들은 오늘날만의 문제는 아니며 그 양태는 다를지언정 예수님이 살던 시대에도 여전히 존재했을 것으로 판단된다.

예수님의 교육철학과 방법론은 그야말로 살아 숨 쉬는 그 분의 삶 그 자체였지 결코 형식적인 구호가 아니었음이 제자들의 삶과 교회의 탄생을 통해 입증되었다. 따라서 예수님의 전 삶을 통해 표현된 가르침과 교훈과 비유들은 예수님이라는 한 분의 어떠하심으로 만들어진 교육적 생태계라 할 것이다. 예수님의 전인적 삶이 만들어낸 교육적 환경은 매우 현실적이면서도 구체적이었고 인간 내면에 깊이 감춰진 본성을 자극하여 영원한 진실 앞에 서도록 이끌어내었다.

이로 인해 제자들은 예수님을 따르면서 끊임없는 자기발견과 인격성장이 반복되는 과정을 겪게 되었다. 단순히 객관적 진실이나 사실의 전달 또는 메마른 인간적 교훈의 공허한 반복이 아니라 매우 역동적이면서도 살아있는 영원한 생명의 흐름과 공급 그 자체였던 것이다. 이 모든 일은 그 분 자신의 삶의 정체성과 하나님과의 온전한 관계 안에서만 가능한 일이었기 때문에 누구도 흉내내거나 따라할 수 있는 차원은 아닌 것이다. 그럼에도 불구하고 예수님의 교육사역의 면면을 깊이 성찰하고 반복해서 묵상해야 하는 이유는 현재의 교육적 혼란과 교육철학의 부재가 만들어내는 문제들이 너무도 깊고 심각하기 때문이다.

예수님은 획일적인 방법을 통해 죽은 지식을 전달하는 당시의 율법학자들과는 달리 다양한 환경에서 제자들과 함께 생활하시면서 때에 따라 알맞은 말씀과 가르침을 베푸셨다. 따라서 하나님 나라를 비유로 말씀하시다가도 불과 같은 권위의 말씀을 선포하기도 하셨으며, 필요한 경우에는 용서와 관용을 베푸셨고 최종적으로는 죽으심의 과정까지도 순종으로 받으시면서 자기 자신을 친히 제자들에게 나누어 공급하셨다. 이러한 사실은 오늘날 수많은 효율적인 교육방법론에 앞서 교육의 생명이 과연 무엇이고 살아있는 가르침이 무엇인지에 대한 진지한 고민을 하게 한다. 앞서 살펴본 예수님의 많은 가르침의 방법들은 단지 예수님이 살아가신 삶의 표현이었지 그 분의 삶과 동떨어진 교훈이나 생명없는 이론은 아니었다. 그럼에도 불구하고 교육학자들이 그 분의 삶을 어떠한 학문적 형식이나 교육적 이론을 빌어 정리하고 설명할 수는 있을 것이다. 그러나 그 형식과 이론들은 지금도 살아 숨쉬고 있는 예수님의 교육적 삶에 대한 의문(儀文, written code)[9]에 불과한 것이다. 마치 실존하고 있는 물고기의 다양한 물속에서의 삶을 물고기 학자들이 정리하는 수준이라 할 것이다. 그러나 물고기의 생태와 삶을 어찌 수많은 물고기의 이론들이 다 설명할 수 있겠는가?

예수님이 행하신 일이 그리 많지 않음에도 불구하고 신약성

---

9 의문 : 문자나 규정을 말하며, 글자로 기록된 옛 언약인 율법으로, 성령으로 마음에 기록된 새 언약인 복음과 대조된다. 개역개정판에서는 율법 조문 또는 법조문으로 번역하였다. (『라이프성경사전』, 생명의 말씀사)

경에서는 예수님이 행하신 일들을 다 기록할 수 없다고 밝히고 있다. 그러므로 그 분의 무궁한 삶과 생명의 현상들을 교육학자들이 개발한 기존의 이론이나 새로운 연구활동을 통해 체계화하더라도 그의 삶의 재현과 참된 그리스도 인격으로의 변화는 불가능할 것이다.

그렇다면 예수의 삶과 가르침을 통해 궁극적으로 우리는 무엇을 바라 보아야만 하는가? 그것은 예수의 삶을 이끌어갔던 그 분의 십자가 운명, 즉 자아정체성인 것이다.[10]

예수가 인식한 자아정체성은 자신이 하나님의 아들로서 하나님의 뜻을 이루어드리기 위해 이 땅에 왔고 아버지의 영광을 위해 어린 양(제물)으로 드려져야 한다는 것이었다. 분명한 것은, 제단 위에 드려지는 어린 양으로서의 이 예수의 길과 운명을 우리 자신의 정체성으로 깊이 인식하고 받아들일 때 예수 자신이 우리의 삶과 교육현장을 통해 생명력을 가지고 다시 살아나게 될 것이라는 점이다.[11]

---

10 히브리스 12장 2절 말씀 : 믿음의 주요 또 온전하게 하시는 이인 예수를 바라보자 그는 그 앞에 있는 기쁨을 위하여 십자가를 참으사 부끄러움을 개의치 아니하시더니 하나님 보좌 우편에 앉으셨느니라

11 갈라디아서 2장 20절 말씀 : 내가 그리스도와 함께 십자가에 못 박혔나니 그런즉 이제는 내가 사는 것이 아니요 오직 내 안에 그리스도께서 사시는 것이라. 이제 내가 육체 가운데 사는 것은 나를 사랑하사 나를 위하여 자기 자신을 버리신 하나님의 아들을 믿는 믿음 안에서 사는 것이라

본 연구는 예수님의 전인적 삶을 제자훈련이라는 관점에서 다소 개괄적 · 포괄적으로 살펴보았으므로 향후에는 본 연구의 결과를 토대로 보다 구체적이고 실현가능한 교육철학과 교육방법론에 기초한 다양한 연구들이 수행되기를 기대한다.

참고문헌

김영애 · 신호균(2011),「성도들의 영적 성장에 끼치는 영향 요인에 관한 연구 : 가정교회를 중심으로」, 『로고스 경영연구』, 9(2), 132-151.

데이비스 마이어스와 말콤 지브스, 박원기 옮김(2010), 『신앙의 눈으로 본 심리학』, 한국 기독교대학협의회.

데이비스 부룩스, 김희정 옮김(2015), 『인간의 품격』, 부키.

도널드 핀켈, 문희경 옮김(2012), 『침묵으로 가르치기』, 다산호당.

매일경제지식부 · 한승희(2000), 『학습혁명보고서』, 매일경제신문사.

성태경 · 성기정(2010),「경제학적 관점에서 본 성서 속의 달란트 비유」, 『로고스 경영연구』, 8(1), 23-38.

이병원(2008),「생활전도」, 『로고스 경영연구』, 6(2), 89-94.

재무보고를 위한 개념체계, 한국회계기준원 회계기준위원회(의결 2011. 7. 22).

조셉 텔루슈킨, 김무겸 옮김(2014), 『죽기 전에 한 번은 유대인을 만나라』, 북스넛, 458-460.

주도홍(2004. 6),「대학 인성교육의 역사적 고찰」, 『백석저널』, 5호 부록, 13-30.

최갑종(2004. 6),「예수님의 제자교육」, 『백석저널』, 5호 부록, 53-79.

켄 베인, 이영아 옮김(2015), 『최고의 공부』, 와이즈베리, 42-52.

파커 파머, 이종인 · 이은정 옮김(2008), 『가르칠 수 있는 용기』, 한문화.

헨리 뢰디거 · 마크 맥대니얼 · 피터 브라운, 김아영 옮김(2015), 『어떻게 공부할 것인가』, 와이즈베리, 9-37.

Mortimer J. Adler & Charles Van Doren(1972), 『How to Read a Book: The Classic Guide to Intelligent Reading』, A Touchstone Book.

가스펠 서브, 『라이프 성경사전(2006)』, 생명의 말씀사.

The Bible(개역개정 4판).

1. 들어가는 글

2. 국가의 경제개입론에 대한 논쟁들

3. 요셉의 국가개입 정책에 대한 평가

4. 요셉의 토지정책의 성경적 의미

5. 한국 경제사회의 발전과정에 대한 성경적 조명

6. 결론 : 진실되고 충성된 청지기로서의 지도자

제2장

요셉의 경제정책을 통한 한국경제 정책과 지도자의 역할에 대한 재조명

"Joseph being sold into slavery", Alexander Maximilian Seitz(1811~1888) 1829, 125 x 177cm

2장 “요셉의 경제정책을 통한 한국경제 정책과 지도자의 역할에 대한 재조명”은 로고스경영연구 제12권 제1호(2014. 3)에 게재된 논문을 기초로 재구성하였으며, 박근혜 정부가 출범한 2013년 2월 이후의 사회 · 경제적 상황에 대해서는 다루고 있지 않음을 밝혀둡니다.

1. 들어가는 글

구약 창세기에 등장하는 요셉은 많은 고난과 역경 속에서도 애굽(이집트)의 총리대신이 되어 국가적 위기를 지혜로운 재정정책을 통해 극복하고 선정을 베풂으로써 그리스도의 예표로까지 칭해진다. 캘빈(J. Calvin, 1509~1564)은 요셉을 이스라엘의 가장 이상적인 모범이며 하나님의 신에 의해 감동된 사람으로서 그 영의 인도를 받아 하나님을 대신한 정책을 시행함으로써 백성들을 빈곤과 죽음에서 구원한 인물로 평가하고 있다.[1]

요셉이 실질적인 애굽의 통치자가 되어 나라를 다스리던 기원전 15세기의 단순한 경제체제와 21세기 글로벌 경제 시스템은 엄청난 질적 · 양적 차이가 존재한다(이경락, 2010). 매우 단순한 농업 중심의 경제구조를 가진 당시 애굽의 경제현안은 고대 시대 대부분의 나라들에서처럼 백성들을 빈곤과 가난으로부터 구휼하고 충분하고 안정적인 양식을 공급하는 것이었다.[2] 오늘날과 같이 경제 시스템이 국제화되고 국가 간의 무한경쟁이 가속화되고

---

1 J. Calvin. Commentaries on The Book of Genesis Vol. 2(Michigan : William. B. Eerdmans Publishing Company, 1963) 406-415.

2 플라톤의 국가편에서 소크라테스는 국가의 기원을 밝히면서 인간이 필요로 하는 것들 중 가장 으뜸되고 큰 것이 생존에 필요한 양식이며 그 다음으로 집, 옷 등의 순서라는 논리를 전개하고 있다(플라톤, 『국가』, 조우현 옮김, 369 c-d, 1987).

있는 상황 하에서조차도 국가경제의 근본목적은 경국제세(經國濟世), 즉 국가를 잘 경영하여 백성을 구제하는 것이라고 보여진다.[3] 요셉은 최소 14년의 통치과정을 통해 애굽을 전제군주국가의 전형적 형태로 완전히 바꿔 놓았다. 일견 요셉의 정책을 어려운 국가적 난제를 해결하기 위해 시행된 냉혹한 정책으로 보는 시각도 없지는 않다(안영호, 1994). 그러나 요셉의 정책은 백성의 희생을 최소화하면서 소기의 정책적 목표를 완수하고 국가를 새로운 차원으로 옮겨놓았다는 점에서 많은 시사점을 제공하고 있다.

요셉은 국가체제의 완전한 변형을 가져온 혁명적인 정책을 수행하면서도 굶주림과 죽음에까지 직면한 백성들을 살리기 위한 어버이의 마음을 지니고 있었다. 이러한 면에서 요셉의 정책과 인격됨은 한국경제의 고도성장을 달성한 통치자들과 앞으로 한국경제를 이끌어나갈 지도자들에게 주는 교훈이 매우 크다고 하겠다.

---

3 『동아새국어사전(2016)』, 동아출판사.

2. 국가의 경제개입론에 대한 논쟁들

아담 스미스(Adam Smith, 1723~1790)가 『국부론』을 통해 경제는 보이지 않는 손인 시장기구에 의해 자율적으로 작동하므로 국가개입을 반대한 이래 국가의 경제개입론에 대한 많은 논쟁들이 전개되어 왔다. 이 자유방임이론은 19세기 제국주의 시대에 독점자본주의가 출현하면서 그 지지기반을 잃게 되었다가 1930년대 대불황의 영향과 2차 대전 이후 전후 복구의 필요성과 일부 사회주의 국가들의 건국, 그리고 개발도상국가들의 식민지 해방 이후 산업화 추진을 위해 국가개입주의로의 극적 전환을 맞이하게 되었다. 당시 경제문제에 대한 국가개입을 정당화하는 이론적 근거는 후생경제학과 케인즈 경제학이었다(이윤재, 2004).

이러한 국가개입주의는 구소련을 중심으로 한 동유럽 국가들의 사회주의 중앙계획경제의 붕괴, 개발도상국의 탈규제 프로그램 확산, 선진자본주의 국가들에서의 복지국가주의의 권위 상실 등의 영향으로 1970년대 중반 이후 확산되기 시작한 신자유주의로 전환하지 않을 수 없게 되었다. 신자유주의는 영국의 대처주의와 미국의 레이거노믹스가 중심이 되었는데 고전적 자유방임적 경제정책을 지지하면서 자유시장기능의 역할을 강조하고 국가의 개입은 무용하고 비생산적임을 주장하였다. 장하준(2006)의 주장처럼 사실 반개입주의자들의 공통점은 경제의 기술적 측면보다는 정치적 측면에 몰입되어 있다고 보여진다. 신자유주의자들은 글로벌화된 경제상황 하에서 중앙계획 경제는 비합리적이며 필연적으로 실패할 수밖에 없으므로 탈규제 및 자유시장 경제 시스템만이 이러한 문제를 해결해 나갈 수 있는 유일한 대안이라고 주장하였다. 그러나 2008년 미국발 금융위기로 전 세계가 극심한 경제적 위기를 경험한 이후 강력한 국가개입과 국제 간 공조 및 규제 강화의 필요성이 다시 대두되고 있다.

이러한 경험은 모든 형태의 국가에 적용될 수 있는 유일한 경제 시스템이라는 것은 존재하지 않으며 각 국가의 문화적 특성과 사회적 상황, 경제발전 단계와 경제개발 목표가 상이한 만큼 국가개입 정도나 경제정책의 채택도 각국의 실정에 맞게 구사되어야 한다는 경제의 기본원리를 재확인하게 만들었다.

초기 자본주의 경제윤리의 기초를 마련한 루터(Martin Luther, 1483~1546), 캘빈(J. Calvin, 1509~1564), 웨슬리(John Wesley, 1703~1791) 등은 개인에 의한 부의 집중현상은 반성경적이라고 주장하였는데 이런 측면에서 보면 정부에 의한 경제개입과 소득배분정책은 성경적이라 할 수 있을 것이다(이윤재, 2004). 장하준(2006)은 국가개입을 전면적으로 부정한 신자유주의의 지나친 시장신봉주의를 비판하면서 전시(戰時)나 우주개발 계획처럼 압도적으로 중요한 목표가 존재하는 상황에서는 중앙계획경제가 시장경제보다 잘 작동될 수 있다고 피력하였다.

3. 요셉의 국가개입 정책에 대한 평가

요셉의 국가개입 정책은 당시 애굽의 정치, 경제, 사회, 문화를 포함한 국체(國體)[4] 전반을 개혁한 가히 혁명적인 사건으로 평가된다. 창세기 47장에 나타난 요셉의 토지개혁 정책이 시행되기 전 애굽의 사회경제적 상황은 비교적 이완된 형태의 군주제—사유재산이 보장되고 바로(왕)가 신적 권위를 가지는 형태—였다. 요셉의 등장으로 애굽은 바로가 직접 백성들을 다스리던 체제에서 왕의 위임을 받은 총리대신이 나라를 다스리는 간접 통치형태로 전환되었으며 이로 인해 왕의 신적 권위는 더욱 공고해졌다. 결국 요셉은 애굽의 실질적인 통치자가 되었고 백성들의 신분은 자유민에서 노예 또는 농노가 되게 되었다. 당시 이러한 애굽의 노예제도는 사회학적으로 총체적 노예제라 불리운다.[5]

요셉이 시행한 이 정책을 두고 매우 냉혹한 이성적인 정책이었다는 일부 견해에 대해 본 저자는 요셉의 인생관과 당시의 특수한 애굽의 상황을 고려하지 못한 매우 단편적인 관점으로 평가

---

4 플라톤의 국가편에서 국가(politeria)는 나라의 체제(국체 ; 國體), 나라의 구성, 정부형태를 의미하는 것으로 사용된다(플라톤, 『국가』, 조우현 옮김, p.13, 1987). 한편, 아리스토텔레스의 정치학에서는 가장 높은 형태의 공동체를 국가로 보고 있다(아리스토텔레스, 『정치학』, 나종일 · 천병희 옮김, p.32, 1987).

5 문희석 편, 『사회학적 구약성서 해석』, 양서각, 264-266, 1987.

하고 싶다. 요셉의 토지정책은 애굽의 농작물 생산량과 기후 변화, 인구 등을 고려하여 최소 14년이라는 기간을 두고 시행된 매우 치밀하고 계획적인 대형 프로젝트였다.

『사회경제사』(조기노 옮김, 1987)에서 막스 베버(Max Weber, 1864~1920)는 서구에서 지속적이고 일관된 계획적 국가경제정책(前資本主義 시대의 국가경제정책이라 명명함)이 성립된 시기를 4세기 무렵으로 보고 있다. 이에 비하면 요셉의 토지정책은 이보다 훨씬 앞선 기원전 15세기에 시행된 국가 주도의 경제정책이었다고 볼 수 있다.[6]

플라톤의 국가편에 정의란 무엇인가에 대한 현자들의 논쟁에서 소크라테스는 정의란 강자의 이익이나 단지 빌린 것을 갚는 개인적 차원에서 해석되거나 고찰되어야 할 개념이 아니며 국가에 있어서의 정의로 확대해서 고찰되어야만 정당한 의미를 갖게 된다고 주장하고 있다.[7] 이러한 소크라테스의 주장과 신자유주의의 획일적 경제논리를 반박한 장하준 박사의 견해를 따른다면 요셉의 토지정책은 당시 애굽의 특수한 경제상황에 부합되는 매우

6 물론 요셉이 시행한 계획경제를 막스 베버가 정의한 국가경제정책으로 보느냐 마느냐의 문제는 논외로 하고자 한다. 이에 대해서는 별도의 세밀한 연구가 필요하다고 판단된다.

7 플라톤, 『국가』, 조우현 옮김, 327a-443c, 1987.

적절한 정책으로서 국가정의를 실현하기 위해 시행된 정책으로 볼 수 있을 것이다.[8]

8 옥스퍼드 선언에서는 정부를 하나님이 공동체를 경영해 나가는 과정에서 자신의 창조적 경륜을 수행하기 위해 만들어진 제도라고 규정하고 있다(전상국 옮김, 1991).

4. 요셉의 토지정책의 성경적 의미

요셉의 통치는 양식을 공급함으로써 기근에 빠져 있는 백성들을 살리는 것이었다. 표면적으로 보면 식량을 공급하는 일이지만 그리스도의 예표라는 입장에서 보면 사람을 살리는 통치였다. 사실상 이 세상에서 모든 통치의 근본적인 목표는 사람을 살게 하자는 것이다. 그런데 요셉은 이 정책을 시행하는 과정에서 백성의 모든 소유 — 돈, 가축, 토지, 몸 — 를 몰수하게 된다. 그리고 그 대가로 종자와 양식을 공급하여 그들을 살리게 된다. 즉, 소유(돈, 가축, 토지, 몸)는 거두어들이고 생명(종자, 양식)은 공급하는 정책을 사용한 것이다. 인생들은 잘 모르고 생명은 무시하고 소유는 소중한 것이라고 생각하고 있다. 마치 영원한 생명을 팔아서 육신의 소유를 사는 것과 같은 어리석은 일을 하고 있는 것이다.

에서는 장자의 명분을 팥죽 한 그릇에 팔았기 때문에 망령된 자라고 성경은 말씀하고 있다(히브리스 12 : 16). 즉, 무엇이 더 소중하고 영원한 것인지를 모르면 어리석은 자가 되고 이것을 알면 지혜로운 인생을 살게 되는 것이다. 그리스도는 인생에게 오셔서 우리의 썩어질 소유는 거두시고 당신의 영원한 생명으로 바꾸어 주시는 분이라고 할 수 있다. 그리스도를 따르게 되면 우리는 무엇이 유익한지를 알게 되고, 소유를 바꾸어 생명을 얻는 삶을 살아가게 되는 것이다.

그런데 당시 애굽의 상황은 모든 재산이 국유화되고 백성들은 소작인이 되었으니 마치 공산주의처럼 되어버리고 만 것이다. 이것이 영원한 생명의 말씀과 그리스도 안에서 해석되면 큰 축복이지만 육신적 관점에서 보면 엄청난 저주가 되고 마는 것이다.[9] 우리는 원래 자기 소유가 아무 것도 없는 자이며 인생에게 주어진 유일한 분깃은 하나님을 영화롭게 하는 것이다. “사람이 만일 온 천하를 얻고도 자기 목숨을 잃으면 무엇이 유익하겠느냐?”는 말씀은 온 천하(소유)보다 자기 목숨(생명)이 더 중요하다는 것을 어리석은 인생에게 일깨워주시는 말씀이다(마가복음 8 : 36).

결국 요셉은 애굽 사람들의 모든 소유를 몰수하고 대신 그들을 살게 해주었다. 만일 백성들이 모든 소유(돈, 가축, 토지, 몸)를 가지고 있었더라도 요셉이 공급한 양식이 없었더라면 7년 간의 흉년을 견뎌내지 못했을 것이다. 요셉은 무엇이 중요하고 사람을 살게 하는지를 이해한 지혜로운 통치자였다. 토지정책의 시행을 통해 요셉은 애굽의 사회질서를 완전히 재편하게 되었는데 왕이 백성을 먹여 살리는 소위 이상적 공산주의를 실현했다고 볼 수

9 요한복음 6장 63절 말씀 : 살리는 것은 영이니 육은 무익하니라. 내가 너희에게 이른 말은 영이요 생명이라

있다. 만일 통치자가 참 아버지 같은 분이라면 이보다 더 좋은 나라는 없는 것이다. 그런데 인류 역사상 나타났던 공산주의는 어버이의 마음을 가지지 못한 지배자가 통치하는 나라였기 때문에 가장 살기 어려운 나라가 되고 만 것이다. 인생은 결국 바꾸는 것이고 이 바꿈이 얼마나 온전하고 영원한가에 따라서 인생의 성패가 좌우된다.[10] 무엇을 바꾸느냐 그리고 어떻게 바꾸느냐에 따라서 인생의 모든 것이 바꾸어진다. 요셉은 살게 하지 못할 것들(소유)을 모두 거두고 살게 하는 것(양식)을 공급했으므로 가장 현명한 통치자라고 할 수 있다. 이런 관점에서 요셉은 바로 그리스도의 예표였다.

---

10 마태복음 13장 44절 말씀 : 천국은 마치 밭에 감추인 보화와 같으니 사람이 이를 발견한 후 숨겨두고 기뻐하여 돌아가서 자기의 소유를 다 팔아 그 밭을 사느니라

5. 한국 경제사회의 발전과정에 대한 성경적 조명

이상의 논의를 통해 우리나라의 경제발전과정에서 채택한 주요 경제정책들을 강력한 국가개입 정책인 요셉의 재정 및 국가운용정책을 통해 재평가해 볼 수 있을 것이다. 우리나라는 박정희 군사정권(1963년~1979년) 이후 세계 역사상 그 유래를 찾아보기 어려울 정도의 급격한 경제성장을 달성하였다. 이에 대한 반동으로 10년간의 국민의 정부와 참여정부 시절(1998년부터 2008년까지)에는 사회경제적 불균형을 해소하고 분배의 정의를 실현하기 위한 다양한 정책들이 시행되었다(이경락, 2005). 이 시기에는 기존의 기득권 세력과 새로운 개혁을 시도하고자 하는 집단 간에 사회적 갈등이 증폭되었고 이 과정을 거치면서 우리 사회에 깊숙이 내재해 있던 권위적 요소들이 많이 사라지게 되었다. 이러한 관점에서 본인은 이 시기를 우리 민족사의 내적 성숙기로 평가하고 싶다.

5.1 군사정권(1963년~1979년)의 성장정책 재조명

우리나라의 경제발전과정을 군사정권의 고도성장기(1963년~1979년), 국민의 정부 및 참여정부의 내적 성숙기(1998년~2008

년), 선진도약기(2008년~현재)로 나누어 보았을 때, 국가가 처한 위기상황이나 절대적 빈곤이라는 관점에서 보면 박정희 정권(1963년~1979년)의 재임기와 요셉이 통치하던 당시의 상황이 가장 유사하다고 볼 수 있다.

요셉이 애굽의 경제적 위기상황을 14년간의 계획경제를 통해 성공적으로 극복한 것처럼 박정희 대통령은 35년간의 일제침탈과 한국전쟁으로 절대 빈곤국이 된 우리나라를 15년간의 재임기간 동안 한강의 기적이라 불리워지는 놀라운 경제성장으로 이끌었다. 현재 우리 국민들은 박정희 대통령의 경제적인 면에서의 치적과 이를 수행하는 과정에서 저질러진 반인권 독재의 명암을 동시에 평가할 수 있을 만큼 성숙한 것 같다.

얼핏 보면 요셉이 백성들의 소유권과 신분을 완전히 장악하여 노예상태로 전락시킨 것처럼 보이나 극도의 위기적 상황을 타개하고 생명을 살리기 위한 매우 계획적이고 치밀했던 정책으로 평가된다. 이러한 독특한 구제정책의 결과 창세기 47장 25절에는 "그들이 이르되 주께서 우리를 살리셨사오니 우리가 주께 은혜를 입고 바로의 종이 되겠나이다"라고 자신들을 절망적인 기근으로부터 살려낸 바로에게 종속되기를 바라는 백성들의 마음이 잘 나타나 있다. 성경기록에는 없지만 굶주린 백성들을 구제하고 보살피면서 요셉은 마치 친자식과 가족들을 돌보는 하나님의 마음을 가졌을 것이고 이 마음이 백성들에게 충분히 전달되었을 것이다. 즉, 하나님이 주신 생명을 귀하게 여기고 사랑하는 마음을 가진 참된 통치자를 대하면서 백성들은 하나님의 은혜를 간접적이지만 경험하게 되었으며 그를 생명의 구원자로 인식하고 존경하며 기꺼이 자신을 바치려는 마음을 가졌을 것이다.

박정희 대통령은 많은 개발도상국의 모범이 되고 있는 새마을 운동과 경제개발계획의 추진으로 세계 최빈국을 개발도상국의 반열에 올려놓았으나 장기집권에 대한 정치적 야욕으로 측근의 손에 암살되고 만다. 이 사건은 박정희 개인의 몰락을 넘어 정치적 민주화의 수레바퀴를 과거로 후퇴하게 만듦으로써 군사정권의 장기집권과 엄청난 민족적 분열을 초래하였다.

요셉과 박정희 대통령은 뛰어난 리더쉽과 국가적 재난을 극복하는 능력을 가진 탁월한 지도자들이다. 그러나 요셉은 하나님을 경외하고 하나님의 손에 의해 다루어지고 연단받은 온전한 인격체인 반면 박정희 대통령은 자신을 통제하고 다스리는 참왕이 없었으므로 자신의 욕망과 야심으로 스스로 분열을 초래하였으며 그 결과 자멸의 길을 걷게 되었다.[11] 요셉은 하나님의 손에 붙잡혀 어린 나이부터 많은 고난을 겪으면서 하나님의 사람으로 변

---

11 Trevino 등(2000)은 자신이 도덕적인 사람이면서 동시에 도덕적 관리자로서의 역할을 할 수 있는 자가 리더로서의 자격이 있음을 주장하였다.

화되어 갔다. 이러한 연단을 통한 변화와 성숙의 과정을 겪었기 때문에 요셉은 총리대신이라는 절대적인 권한을 행사하였지만 교만하게 바로를 넘보거나 자신의 권력을 남용하지 않고 하나님의 경륜과 계획을 완수할 수 있었을 것이다. 하나님이 있는 인생은 자신의 분수를 아는 사람이며[12] 하나님을 인정하는 사람은 자신의 한계를 알게 되는 지혜를 갖게 되는 것이다.[13] 박정희 대통령의 인간적인 능력은 놀랍고 위대했으나 그는 하나님의 사람으로 다루어지고 변화되는 과정을 거치지 못했기 때문에 자신의 욕망에 매몰되는 최후를 맞이하게 된 것이다.

5.2 국민의 정부(1998년~2003년)의 외환위기 극복 재조명

김대중의 국민의 정부는 강력한 구조조정(부실 금융사와 기업의 퇴출작업, 부채비율 축소정책 등 재무구조 건전성 강화)과 신자유주의 경제정책(재벌의 독과점 폐해 견제와 순환출자 및 상호지급보증 해소 등 시장경제규율 확립, 외국인 주식투자 한도 철폐와 노동시장

---

12 창세기 39장 9절 말씀 : 이 집에는 나보다 큰 이가 없으며 주인이 아무 것도 내게 금하지 아니하였어도 금한 것은 당신뿐이니 당신이 그의 아내임이라 그런즉 내가 어찌 이 큰 악을 행하여 하나님께 죄를 지으리이까

13 창세기 50장 19절 말씀 : 요셉이 그들에게(형들에게) 이르되 두려워하지 마소서 내가 하나님을 대신하리이까

유연성 확대)을 통해 외환위기를 예상보다 3년 앞당겨 극복하고 2001년 8월에 IMF차입금을 전액 상환하였다. 정치적으로는 최초의 여야 간 평화적 정권교체를 통한 민주주의적 가치 실현, 대북 포용정책으로 남북 간 긴장완화, 권력분할에 의한 권위주의의 청산, 군사정권과의 역사적 화해를 이끌어내었고 한국인 최초로 노벨평화상을 수상하기도 하였다.

국민의 정부는 이와 같은 정치·경제적인 많은 치적에도 불구하고 부동산 규제 철폐와 신용카드 활성화 정책으로 인한 부동산 투기 및 카드대란 발생, 신자유주의 정책으로 인한 국부의 해외 유출과 중산층 붕괴(이혁배, 2004), 지나친 대북 저자세 외교로 인한 제2 연평해전 초래, 대기업 규제정책으로 인한 미래성장동력 약화, 정치적 포퓰리즘으로 구군사정권 잔재 청산에 소홀했다는 비판을 받고 있다. 특히 7대 대북 사업권을 획득하기 위해 현대가 북한에 지급한 4억 5천만 달러에 남북정상회담에 대한 보상이 포함되어 있는 것이 밝혀짐에 따라 햇볕정책의 진정성과 투명성에 심각한 도전을 받게 되었다. 또한 보수진영에서는 1970년대부터 극심한 경제난에 시달리던 북한이 정상회담 이후 핵개발에 착수할 수 있게 된 것이 이 불법 송금 때문이라는 의혹도 제기하고 있다.

국민의 정부는 한국전쟁 이후 최대의 국가적 위기상황이라

할 수 있는 외환위기를 짧은 기간 내에 극복하였으나 과도한 시장개방 및 규제완화로 인해 수많은 중산층이 몰락하고 부동산 가격이 급상승하였을 뿐만 아니라 건실한 기업들이 파산하거나 외국계 펀드에 매각되는 등 엄청난 국부의 손실을 초래하였다. 특히 대북포용정책인 소위 햇볕정책의 수행과정에서 나타난 불법송금사건과 개성공단의 설립은 박근혜 정부에 와서까지 엄청난 안보상의 위협과 경제적 손실 및 정치적 문제들을 발생시키고 있다.

한편, 요셉이 선택한 통치수단들은 당시 애굽 백성들과 국가가 당면한 위기상황과 애굽의 정치적 상황에 대한 깊은 통찰력, 그리고 자신이 집행하게 될 정책이 가져올 사회 · 경제 · 정치적 파장까지 고려한 미래지향적인 의사결정이었다. 바로의 절대적인 신임을 받아 강력한 권력을 행사할 수 있는 총리가 된 요셉은 가장 먼저 애굽 온 땅을 순찰하면서 전국의 양식 소출상황을 파악한 후, 7년의 풍년 기간 동안 매년 곡물 생산량의 20%를 거두어 각 성에 저장하게 한다. 20%의 소득세는 십일조보다도 높은 과도한 조세정책으로 볼 여지가 없지 않으나 당시의 특수한 상황을 고려해 본다면, 풍년 때의 20%의 세금을 백성들은 과도히 높은 세금으로 체감하지는 않았을 것이다.

요셉은 비축한 양식을 배분하는 과정에서도 선부른 인기영합적 무상배분정책을 통해 양식을 고갈시키지 아니하였고 오히려 체계적이고 합리적인 방법으로 돈과 가축과 토지와 백성들을 국가에 귀속시켰다. 이로써 애굽 정부는 전국적인 장기적 국가재난 상황을 극복해 나갈 수 있는 생산의 3요소인 토지, 자본(돈, 양식)과 노동력(가축, 백성)을 모두 확보하게 된 것이다.

요셉은 7년 흉년이 끝나갈 즈음에 백성들에게 종자를 공급하여 농사를 짓도록 하고 소출이 나면 생산량의 20%를 세금으로 내도록 하였는데 이러한 정책 역시 실업수당 등의 제공으로 인해 근로능력이 있는 노동자들의 근로의욕을 오히려 상실하게 함으로써 무노동실업자를 양산시키고 있는 서구의 일부 복지국가들과 우리나라의 복지정책에 좋은 방향을 제시하고 있다 할 것이다.[14]

5.3 참여정부(2003년~2008년)의 분배정책과 요셉의 정책

노무현 정부는 국민들의 자발적인 선거자금 모금과 선거운동

14 충분히 근로의욕이 있는 사람(예를 들어 월 80만원의 소득이 가능한 근로자)에게 국가가 복지수당(예를 들어 월 80만원 이상)을 제공하게 되면 이 근로자는 근로의욕을 상실하고 실업수당으로 생활해 나가려고 할 것이다. 이 경우 국가의 복지정책이 오히려 국가적으로는 국가예산 및 노동력의 낭비, 근로자 개인으로는 삶의 의미와 노동의 가치상실 등의 손실을 초래하게 만든다(『맨큐의 경제학』, 2001).

으로 탄생되었을 뿐 아니라, 국정운영에서도 국민의 참여가 핵심 역할을 할 것이라는 뜻에서 참여정부라고 명명되었다. 이 시기는 정경유착의 단절, 권위주의의 청산, 시민계급의 역할 증가, 2차 남북정상회담, 한미 FTA 타결, 외환보유고 및 수출의 지속적 증가, 국가신용등급의 상향, 기업 재무구조의 개선, 주가지수의 급격한 반등 등의 치적에도 불구하고 가계부채 악화 및 재정적자와 경기부진에 의한 세수부족으로 국가부채 증가, 저조한 실질소득 증가율(GNI), 부동산 가격의 폭등, 청년실업과 비정규직의 급증, 미미한 기업설비투자, 심각한 불평등과 양극화[15]로 서민경제가 침체하고 국가 미래성장동력의 심각한 훼손을 초래하였다고 평가된다(나성린, 2008).

노무현 정부는 전반적으로 이념적이고 과거지향적이었으며 전문지식이 부족한 정치인 중심의 국정운영[16], 반기업 및 반시장적 경제정책, 성장과 경쟁보다는 분배정책(하향평준화 교육정책,

---

15 소득불평등도를 나타내는 지니계수와 양극화를 나타내는 소득 5분위 배율, 빈곤의 정도를 나타내는 빈곤층 비율이 노무현 정부 출범 이후 지속적으로 악화되었다(나성린, 2008).

16 참여정부는 국무총리와 내각의 권한을 강화하여 내각의 독립적 운영을 보장하였으며 청와대는 부처 간 중재역할을 하는 형태를 취하였다. 이러한 정치구도 때문에 대통령 탄핵 시에도 내각의 국정운영은 큰 차질 없이 수행되었다고 볼 수 있다. 다만 정치적 성향이 강한 인물들이 내각을 장악함으로써 비전문적이고 정치적 행정이 이루어질 수 밖에 없었다고 보여진다.

지역균형발전)으로 인해 기득권 세력과의 수많은 갈등을 초래하였고 국가경제사회 전반의 국론분열과 침체를 초래한 것으로 평가된다.

요셉은 이방인으로서 애굽의 총리대신이 되었으나 기득권 세력인 바로의 제사장들을 우대하여 그들의 전지는 매입하지 않고 독립적인 소유 및 경작을 보장하였다(창세기 47 : 22 및 47 : 26). 제사장들은 바로의 신격화 및 왕권강화를 위한 상징적인 조직으로서 요셉은 이들의 정치적 영향력과 중요성을 충분히 파악하여 토지매입 정책에서 이들을 제외시키게 되었다. 이를 통해 요셉은 기득권 세력과의 정치적 갈등을 최소화시킴으로써 자신의 경제정책을 효율적으로 수행해 나갈 수 있었다.

앞서 밝힌 바와 같이 요셉의 정책들은 미래지향적이었으며 국가의 미래성장동력을 키우기 위해 신중한 분배정책을 구사하였다. 뿐만 아니라 백성들의 경제적 상태와 욕구를 잘 이해하고 이를 활용함으로써 경제를 재건하고 백성들이 안정적인 삶을 영위할 수 있는 기반도 제공하였다(창세기 47 : 23~26).

이상과 같은 요셉의 지혜롭고 현실적인 정치 · 경제정책들을 노무현 정부의 이념적, 비전문적 정치 · 경제정책들과 비교해 봄으로써 경제의 기본목표인 경국제세를 실현하기 위해서는 미래를 내다보고 민심을 파악하는 통치자의 안목과 복잡다단한 정치적 이해관계 속에서 중립성을 유지하는 자질이 얼마나 중요한지에 대한 교훈을 얻을 수 있었다.

5.4 이명박 정부(2008년~2013년)의 선진일류국가 목표의 재조명

이명박 정부는 '발전과 통합을 통한 선진일류 국가'라는 국정목표를 달성하기 위해 일류화 정책과 친서민 정책을 동시에 구사하였다. 한편 G20 정상회담을 개최하면서 우리나라는 명실공히 세계 경제의 모범적인 성공사례로 인정받고 향후 선진국과 개발도상국 간의 이해관계를 조율하는 조정자 역할을 수행해 나갈 수 있을 것으로 기대를 모았다. 따라서 이명박 정부가 목표로 한 선진화 정책과 요셉이 시행한 당시의 세계화 전략을 비교해보는 것은 의미 있는 시사점을 제공할 것이다.

요셉은 최소 14년간(7년 풍년과 7년 흉년)의 성장(비축) 및 분배정책을 통해 애굽의 모든 백성들은 물론이고 인근 국가들을 국가적 재난에서 구할 수가 있었다. 창세기 41장 56절과 57절의 말씀을 통해 유추해 보면 당시 주변국들에서도 비슷한 기후조건으로 흉년이 수년간 지속되자 자국 내 양식이 고갈되었고 풍부한 양식이 있는 애굽에서 식량을 매입할 수밖에 없게 되었다.[17] 이러한 상황을 대비한 요셉의 현명한 양식 비축정책은 애굽에 이주하게 될 자신의 온 가족들은 물론이고 애굽 백성들과 주변국들을 죽음과 고난에서 해방시키게 되었다. 그러나 무엇보다 중요한 점은 요셉으로 인해 하나님의 백성들이 풍부한 양식과 비옥한 자연환경을 가진 애굽(고센 땅)에 정착하게 되었다는 것이다. 이로 인해 70인에 불과했던 야곱의 일가는 400년 이후 모세의 손에 의해 출애굽하기까지 약 200만 명에 달하는 큰 민족국가로 성장하게 된 기반이 마련되었다.[18] 이와 같은 하나님의 경륜을 수행하는 데 자신의 전 인생이 사용된 요셉은 신실한 하나님의 청지기요 통치자였던 것이다.

최근 자국의 경제적 이익을 최우선 목표로 한 미국과 중국 간의 경제전쟁으로 인해 세계 각국이 긴장하고 있다. 일국의 경제적 이익이 주변국들에게는 경제적 손실과 실업률의 증가 등 전반적인 경제침체를 가져오기 때문이다. 경제적 이익만을 최우선으

---

17 창세기 41장 56절~57절 말씀 : 온 지면에 기근이 있으매 요셉이 모든 창고를 열고 애굽 백성에게 팔새 애굽 땅에 기근이 심하며 각국 백성들도 양식을 사려고 애굽으로 들어와 요셉에게 이르렀으니 기근이 온 세상에 심함이었더라

18 창세기 15장 13절~14절 말씀 : 여호와께서 아브람에게 이르시되 너는 반드시 알라 네 자손이 이방에서 객이 되어 그들을 섬기겠고 그들은 사백 년 동안 네 자손을 괴롭히리니 그들이 섬기는 나라를 내가 징벌할 지며 그 후에 네 자손이 큰 재물을 이끌고 나오리라

로 한 국가 간 대립이 첨예화되고 있는 현 시점에서 요셉이 시행한 정책들은 참다운 세계화를 위한 소위 윈-윈 전략으로 평가될 수 있을 것이다. 진정한 세계화는 세계 각국이 모두에게 이로운 정책을 선택 · 수용함으로써 전 세계가 동반 성장해 나갈 수 있는 환경을 마련하는 데서 시작될 것이다. 일부 국가의 극단적인 이기적 선택이 수많은 국가들에게 엄청난 정신적, 문화적, 경제적 손실을 가져왔음을 우리 인류는 두 차례의 세계 대전을 통해 경험해 왔다.

이에 우리나라는 물질적 · 경제적 선진화를 통한 국가목표의 달성뿐만 아니라 이를 주변국들과 같이 공유하는 진정한 세계화의 지혜를 요셉의 정책을 통해 얻을 수 있어야 하겠다. 요셉이 이상적 통치자의 모범이 된 것도 경제적 성장만이 아닌 이를 가난한 나라들에게 공급할 수 있는 따뜻한 마음의 분배정책을 동시에 구사할 수 있었기 때문으로 볼 수 있다.

6. 결론 : 진실되고 충성된 청지기로서의 지도자

오늘날과 같이 이해관계자 집단이 복잡하게 얽혀있는 글로벌화된 경제상황과 요셉 당시의 단순한 농업 중심의 경제체제를 직접적으로 비교하는 것은 많은 제약이 존재한다. 그러나 요셉의 경제정책 수립 및 집행과정에서 나타난 치밀함과 미래지향적인 관점은 경제정책의 명암과 희비가 극명하게 교차하고 있는 지난 우리 정부들의 성과들을 평가할 때 많은 시사점을 제공하고 있다. 일제의 침탈과 한국전쟁으로 폐허가 된 우리나라에 경제적 성장의 기반을 마련한 것은 박정희 정권이었다. 그러나 고도의 경제발전과 정권유지를 위해 우리 국민들은 수많은 정치적 자유를 억압당해야만 했다.

김대중 정부는 평화적인 정권교체와 대북포용정책을 통해 정치적 민주화를 앞당겼으며 경제적으로는 외환위기를 단기간 내에 극복하는 괄목할 만한 업적을 남겼다. 그러나 이러한 화려한 성과 이면에는 정치적 표퓰리즘, 중산층과 수많은 기업들의 몰락, 부동산 가격 급등 및 북한의 핵개발 여지를 제공하였다는 한계점을 지니고 있다. 노무현 정부는 정경유착과 권위주의를 청산하고 지역균형발전을 위한 다양한 정책들을 구사함으로써 가장 도덕적인 정부로 불리워지고 있다. 그러나 이 과정에서 국론의 극심한 분열과 국가경제의 심각한 정체현상을 초래하고 말았다.

이와 같이 박정희 정권 이후 시행되었거나 시행 중인 성장정책, 분배정책, 사회통합 및 일류화 정책 등은 그 형태와 내용은 다르고 정책의 과오(過誤)는 나름 있다 할지라도 나라를 잘 다스려 행복한 백성을 만들고자 한 면에서 그 목표는 일치하고 있다. 우리나라의 경제적 성장과 발전은 지난 군사정권과 국민의 정부 및 참여정부의 성장과 성숙의 과정, 그리고 수많은 시행착오와 국민적 희생이 있었기 때문에 가능하였다.

한편, 요셉이 백성들과 인근 국가들에게 수행한 분배정책을 보면 진정한 세계화는 경제적인 비교우위의 달성만이 아니라 후발국들과 공존공영함으로써 이들과 더불어 행복하게 살아가는 세계를 만드는 것임을 알 수 있다.

요셉의 토지정책 및 분배정책은 애굽의 온 백성들과 주변 국가들을 구제하고 애굽의 정치, 사회, 경제의 전 영역을 새로운 차원으로 재편시킨 사건이었다. 그런데 요셉이 이처럼 혁명적인 정책들을 시행할 수 있었던 이면에는 하나님 중심의 인생관과 참된 통치자가 지녀야 할 자질과 덕목이 있었음을 간과해서는 안 될 것이다(임병진 · 임태순, 2010). 요셉은 바로를 통해 실질적인 통치자로서의 전권을 위임받았으나 빈곤에 처한 백성들을 구제하고 바로의 제사장들을 우대하였으며, 애굽의 모든 소유를 바로에게 귀속시키는 참된 청지기로서의 역할에만 충실하였다. 무엇보다 요셉은 야곱의 가족들을 애굽의 고센 땅에 안착시키는 임무를 완수함으로써 하나님의 백성들을 생육하고 번성케 하는 경륜에 있어 가장 중요한 역할을 수행하게 된다. 요셉은 참된 통치자는 권력자나 지배자가 아니라 하나님의 권위를 위임받아 이 땅에 하나님의 마음을 분배함으로써 사람을 살리는 자임을 잘 보여주는 인물이다. 요셉이 수많은 고난과 죽음의 역경을 이겨내고 백성을 살리는 통치자가 된 것은 마치 예수께서 십자가에서 죽기까지 복종하심으로 하나님이 그를 지극히 높여 모든 이들이 예수의 발 앞에 무릎 꿇게 한 것과 같은 것이다(빌립보서 2 : 6~11). 따라서 요셉은 진실과 충신이시며 참된 통치자이신 예수의 예표로 불리워지는 것이다(요한계시록 19 : 11).

아버지 야곱이 죽은 이후 요셉은 자신을 노예로 판 형들이 보복을 두려워하자 자신은 하나님을 대신할 수 없으므로 죄와 허물을 문책할 자가 아니며 하나님이 이 모든 일을 협력하여 선으로 바꾸신 분이라고 말하고 있다(창세기 50장). 요셉은 하나님의 손에 철저히 다루어지고 연단된 사람이었으므로 절대적 권력을 가졌지만 이를 사리사욕을 위해 남용하지 않았다. 우리 근 · 현대사는 권력욕과 정치적 이념의 극한 대립으로 서로를 죽이고 핍박함으로써 불행한 역사를 되풀이하고 있다. 우리의 자녀들에게 본이 되는 지도자로 이야기할 사람들이 많지 않다는 것이 안타깝기만 하다. 마지막으로 하나님에게 자신의 인생이 드려짐으로 연단과 변화와 성숙의 과정을 거쳐 역사 속에 하나님의 경륜을 수행함으로써 진정한 청지기로서의 사명을 다하는 젊은이들이 국가 지도자로 많이 배출될 수 있기를 기대해 본다.

참고문헌

나성린(2008. 2), 「노무현 2003~2008, 빛과 그림자」, 『신동아』, 통권 581호, 150-159.

막스 베버, 조기노 옮김(1987), 『사회경제사』, 삼성출판사.

맨큐, 김경환 · 김종석 옮김(2001), 『맨큐의 경제학』, 교보문고.

문희석 편(1987), 『사회학적 구약성서 해석』, 양서각.

아리스토텔레스, 나종일 · 천병희 옮김(1987), 『정치학』, 삼성출판사.

안영호(1994), 「창세기에 나타난 요셉의 정책에 관한 연구」, 석사학위논문, 계명대학교.

이경락(2005. 12), 「공인회계사의 직업적 정체성 회복을 위한 기독교적 대안」, 『신앙과 학문』, 10(2), 145-168.

_____(2010. 8), 「글로벌 금융위기에 나타난 도덕적 해이 현상에 관한 성경적 고찰」, 『로고스 경영연구』, 8(2), 215-232.

이윤재(2004), 『성경속의 경제학』, 숭실대학교 출판부.

이혁배(2008. 9), 「기독교 윤리적 관점에서 본 소득양극화」, 『신학사상』, 통권 제142호, 219-246.

임병진 · 임태순(2010. 8), 「다윗을 통하여 본 성공한 부유자와 성공자의 역할」, 『로고스 경영연구』, 8(2), 179-192.

장하준(2006), 『국가의 역할』, 부키.

크리스천 신앙과 경제학에 관한 옥스퍼드 선언(Oxford Declaration on

Faith and Economics), 전상국 옮김(1991), CUP.
플라톤, 조우현 옮김(1987), 『국가』, 삼성출판사.

J. Calvin(1963), Commentaries on The Book of Genesis, vol. 2, Michigan : William. B. Eerdmans Publishing Company.
Trevino, L. K., Hartman, L. P., & Brown, M.,(2000), "Moral person and moral manager : How executives develop a reputation for ethical leadership," California Management Review, 42(4), 128-142.

『동아새국어사전(2016)』, 동아출판사.
The Bible(개역개정 4판).

1. 들어가는 글

2. 글로벌 금융위기의 원인분석

3. 도덕적 해이 현상에 대한 성경적 대책

4. 결론 : 물질을 지배하고 다스리는 참된 인격의 회복방안

제3장

글로벌 금융위기와 도덕적 해이 현상

"Offering to Molech" (illustration from the 1897 Bible Pictures and What They Teach Us by Charles Foster)

3장 "글로벌 금융위기와 도덕적 해이 현상"은 로고스경영연구 제8권 제2호 (2010. 8)에 게재된 논문을 기초로 재구성하였습니다.

1. 들어가는 글

2008년 9월 15일은 세계적 투자은행인 리먼브라더스(Lehman Brothers)의 파산을 기점으로 전 세계적 금융위기가 시작된 날로 기억되고 있다. 이 거대 투자은행의 몰락은 신용도가 가장 낮은 저소득층을 대상으로 한 부동산 담보대출인 서브프라임 모기지(subprime mortgage)의 부실에 직접적인 원인이 있다.

〈표 3-1〉을 보면 금융위기 당시 미국 모기지(부동산 담보대출) 시장은 대출자의 신용점수에 따라 prime, Alt-A, subprime으로 구분되는데 시장규모로 보면 9%밖에 안 되지만 가장 취약한 subprime 모기지 대출의 부실이 발단이 되어 금융위기가 시작되었다. 이 위험은 미 정부의 막대한 재정지원에도 불구하고 글로벌 금융위기로 급속히 확산되어 대형 투자은행이나 상업은행, 보험회사가 헐값에 매각되었다. 뿐만 아니라 일부 동유럽 국

〈표 3-1〉 금융위기 당시 미국 모기지 대출시장(신용점수 범위 300~900점)

모기지 프로그램	신용점수	전체 모기지대출 시장에서 차지하는 비율
prime	660점 이상	91%
Alt-A	660점 미만 ~ 620점 이상	
subprime	620점 미만	9%

* 출처 : KBS1, KBS스페셜, 미국발 금융위기, 2008. 9. 21.

가들의 부도사태와 아시아 및 중남미 국가들의 주가급락과 환율 폭등으로 이어졌고 심지어는 실물경제까지 위협하는 단계에 이르렀다. 2008년에 시작된 금융위기는 이제 2여 년이 되어가지만 유럽 일부 국가들과 미국 내에서 전해져 오는 여러 가지 위험신호들은 여전히 전 세계인을 긴장시키고 있다.

본 장은 현 시점에서 자본주의 경제체제가 지니고 있는 취약점과 글로벌 금융위기의 원인을 도덕적 해이(moral hazard)라는 관점에서 진단해 보고 성경적 관점에서 우리에게 주는 교훈과 말씀을 통해 세상적 처방과는 전혀 다른 복음적 대책을 제시하는 것을 목적으로 한다.

2. 글로벌 금융위기의 원인분석

여러 가지 대내외적인 불안요인에도 불구하고 미국경제 규모는 2008년 당시에도 세계시장의 부동의 선두주자였다. 당시 미국경제가 세계시장에서 차지하는 비중은 GDP, 시가총액, 금융시장 규모 면에서 각각 25%, 30%, 40%였다.[1] 자타가 공인하는 세계 초일류 국가로서 손색없는 경제규모였다. 특히 20세기 초반 공산주의 경제 시스템의 몰락 이후 자본주의 방식에 대해 이의를 제기하는 이념이나 국가들이 사라졌으며 전 세계는 미국식 자본주의라는 거대한 흐름에 서서히 통합되어 갔다. 또한 미국식 경제시스템은 잘 발달된 정치와 보장된 법률, 거대한 자본시장, 선진화된 금융 시스템, 그리고 IT 산업의 지원을 통해 전 세계적 금융 네트워크라는 든든한 지원군들도 얻게 되었다.

자본주의 경제 시스템은 큰 위험을 감수하면서도 그 위험을 적절히, 그리고 충분히 관리 · 통제함으로써 초과이익을 산출할 수 있는 방식이라는 낙관적인 기대와 확신을 가지고 있었다. 즉, 자본주의 경제 시스템이 비록 완벽하지 못하고 여러 가지 결함을 지니고 있더라도 수많은 경험과 시행착오를 통해 얻은 가장 귀중

1 한편, 2009년 경제력, 외교력. 과학기술, 교육, 국방력, 영토, 인구 등을 종합하여 매긴 국가 브랜드 순위에서도 미국은 부동의 1위를 차지하고 있다(삼성경제연구소, 2009).

한 유산이라는 생각을 전 인류가 공유하게 된 것이다.

하지만 미 정부와 정치권의 서민주택공급 확대정책, 투자은행들의 대규모 자본조달을 위한 주식회사로의 전환, IT 산업과 금융공학의 발달로 인한 금융기관들의 과도한 신용공급, 글로벌 신용평가기관의 역선택, 부실한 회계시스템과 방만한 회계감독, 그리고 미국식 자본주의 경제 시스템을 구성하는 이해관계자들이 미래에 대해 가진 지나친 낙관과 도덕적 불감증으로 인해 글로벌 금융위기는 필연적으로 도래하게 되었다.

2.1 미 정부와 정치권의 서민주택공급 확대 정책

어느 국가, 어떤 정부라 할지라도 국민의 안녕과 복지 실현은 중요한 정책적 목표이다. 미국 대통령 중에서 특히 루우즈벨트(F. D. Roosevelt, 재임기간 1933~1945)와 클린턴(W. J. Clinton, 재임기간 1993~2001) 대통령은 주택보급률 향상과 유동성 공급을 위한 적극적인 정부지원정책을 시행하였는데 이 과정에서 주택모기지 회사인 패니매와 프레디맥이 급성장하는 기반을 마련해 주었다. 이 회사들은 정부보증을 받은 은행자산인 모기지 채권을 매입함으로써 은행들이 모기지 판매대금을 기반으로 다시 모기지 대출을 통해 수익을 얻을 수 있는 순환고리를 만들어주게 되었다. 여기에 부시(G. W. Bush, 재임기간 2001~2009) 대통령은 경기활성화를 목적으로 2001년 취임 당시 6.5%인 기준금리를 2003년 6월까지 1.0%로 지속적으로 인하시켜 나갔다. 이러한 미 정부의 초저금리 정책과 80년대 초부터의 지속적인 규제완화 정책으로 인해 90년대 중반 이후 주택가격이 급상승하는 버블현상이 나타나게 되었다. 이에 미 정부는 2006년까지 기준금리를 지속적으로 다시 올려나감에 따라(5.25%) 주택가격이 급락하게 되었다. 금리 상승으로 인해 대출이자를 갚지 못하는 낮은 신용등급의 대출자들이 속출하면서 모기지 대출은행들은 부실화되기 시작하였다.[2]

위의 논의를 통해 보면 시장경제에 대한 정부의 지나친 개입(주택보급률 향상, 규제완화, 모기지 채권 매입회사의 설립, 초저금리 정책에 이은 지속적인 금리인상 등)이 글로벌 금융위기가 시작될 수밖에 없는 원인으로 작용하였다.

---

2 김재진(2002)은 세계 경제의 빈익빈 부익부 현상 및 경제공황의 원인은 불로소득을 취하려는 인간의 탐심과 바알의 토지법에 있다고 주장하였다.

2.2 위험선호 및 회피를 위한 다양한 기법의 개발

2.2.1 대규모 자본조달을 위한 주식회사 설립

글로벌 금융위기의 또 다른 원인으로 지적받고 있는 구조적인 변화는 투자은행들이 대규모 자금조달과 위험사업 투자를 통한 고수익을 얻기 위해 주식회사로 기업형태를 전환시킨 것이다. 불특정 다수의 서민예금을 기반으로 하는 상업은행은 안정성이 중요시되어 엄격한 규제를 적용받는 반면 위험선호 사업이나 투자, 증권개발과 거래, 인수합병과 같은 영역은 투자은행의 영역으로 다소 규제가 덜한 편이었다(최진기, 2009). 〈표 3-2〉를 보면 투자은행의「기본자산 대비 운용자산의 비율」이 제조업이나 상업은행에 비해 훨씬 높아 위험선호 종목에 대한 투자가 많다는 것을 잘 보여주고 있다.

〈표 3-2〉 금융위기 당시 제조업과 은행유형별 기본자산 대비 운용자산 비율

제조업 (manufacturing)	상업은행 (commercial bank)	투자은행 (investment bank)
100～200%	1,100～1,200%	4,000～5,000%

* 출처 : KBS1, KBS스페셜, 미국발 금융위기, 2008. 9. 21.

원래 투자은행은 파트너십(partnership, 합명회사) 형태로 운영되었는데 파트너들이 투자에 대해 무한책임을 져야 한다는 규정 때문에 신중한 의사결정을 하지 않을 수 없었다. 미국 투자은행들은 1970년대 초부터 유한책임의 주식회사(company limited by shares)로 전환하면서 대규모로 조달된 자금을 기반으로 훨씬 위험한 사업에 투자할 가능성이 높아지게 되었다. 이러한 기업형태의 변화와 상업은행에 비해 완화된 정부규제, 금융공학과 IT 산업의 발전으로 인해 투자은행들은 국제화 · 초대형화되었으며, 고수익-고위험 파생상품의 판매와 매입이 보다 용이하게 되었다.[3] 금융자본주의의 기반이 신용과 자본력, 그리고 국제적 판매망이라고 보았을 때 투자은행의 대형화는 이 3가지 요소를 모두 충족시켰다.

투자은행의 글로벌화는 클린턴 행정부의 금융 및 월스트리트 활성화 정책과 대규모의 M&A, 고수익 금융상품의 대량 개발, 우수한 인력의 대량 확보로 인해 더욱 가속화되었다. 1997년 말부터 시작된 아시아 금융위기나 2008년 금융위기 당시 국제유가가

3 금융위기 당시 국내 53개 증권사와 국내 5대 은행의 자산규모가 각각 131조, 944조인데 반해 리먼브라더스의 자산규모는 8,280조에 달했다. 한편, 2006년 현재 경제규모 200위 안에 든 국가는 61개, 기업은 139개로 나타나 기업의 초대형화 현상을 잘 보여주고 있다(정인환, 2008, p. 32).

배럴당 150달러까지 급상승한 것도 골드만삭스와 같은 투기자금의 유입에 따른 결과라는 예측이 조심스럽게 대두되기도 했다(김정환 옮김, 2009). 실제로 골드만삭스나 모건스탠리는 금융위기 당시 국제 선물시장을 주도하면서 세계 각지의 정유시설, 연료저장고, 발전소 등을 매입한 것으로 알려져 있다. 그러나 금융위기로 인한 부실화로 미국 5대 투자은행들은 다음의 〈표 3-3〉과 〈표 3-4〉와 같은 변화를 맞이하게 되었다.

〈표 3-3〉 미 5대 투자은행의 금융위기 이후의 변화

순위	회사명	2008년 금융위기 이후
1	Goldman Sachs	은행지주회사로 전환
2	Morgan Stanley	은행지주회사로 전환
3	Merrill Lynch	상업은행인 BoA에 인수됨
4	Lehman Brothers	파산보호신청 절차(우리나라의 법정관리)
5	Bear Stearns	상업은행인 JP Morgan Chase에 인수됨

〈표 3-4〉 Lehman Brothers와 Bear Stearns의 주가 변화

	2007년 초	2007년 말	2008년 6월 말	파산보호신청 및 매각일 (2008년 9월 15일)
Lehman Brothers	$79	$65	$20	$0.21
Bear Stearns	$94	$54	$32	$17.06

* 출처 : http://finance.naver.com/world

2.2.2 IT 기술과 금융공학 기법의 급속한 발전

금융공학과 IT 기술의 발전은 실질적인 자산가치(저당권, 모기지 채권)를 수십 배에서 수백 배까지 증권화(MBS, ABS, CDO 등)해서 전 세계 금융시장에 공급하게 되었다. 이로 인해 모기지 대출회사나 금융기관, 주택매입자 모두에게 엄청난 유동성이 공급되어 주택시장이 활성화되고 파생금융상품이 전 세계 금융시장에서 거래되었다. 이 과정에서 금융기관이 모기지 대출을 받는 주택구입자나 파생금융상품 매입자에게 금융상품에 내재된 위험을 충분히 설명하지 않고 판매하는 불완전 판매가 이루어졌다. 또한 파생금융상품의 순기능이 워낙 클 뿐만 아니라 그 종류나 규모가 다양하고 복잡해서 금융당국의 적절한 규제가 이루어지기가 사실상 어려운 측면도 있었다.

특히 전 세계 투자자들이 리스크가 상당히 높은 서브프라임 모기지 주택저당채권 담보부증권(MBS)을 적극적으로 매입하게 된 배경에는 다음에 설명하게 될 신용평가기관과 채권보증회사의 도덕적 해이가 중요하게 작용하였다.

2.3 신용평가기관의 역선택(逆選擇, adverse selection)[4]

한편, 세계 3대 국제신용평가기관인 Moody's, S&P, Pitch가 글로벌 금융위기 촉발에 중대한 책임이 있다는 주장에 대해 반론을 제기하는 사람은 거의 없을 것이다. 이들은 2001년 말 대형 에너지 회사인 엔론(Enron)이 회계부정사건으로 파산하기 4일 전까지도 투자적격 등급을 부여하고 있었다. 뿐만 아니라 주택시장의 거품이 붕괴되기 전까지 주택담보부증권인 MBS에 최고등급인 AAA를 부여하다가 금융위기가 본격화되자 마지못해 신용등급을 하향조정하게 되었다. 또한 미 5대 투자은행인 Bear Stearns가 2008년 3월에 붕괴되고 나서도 자산담보부증권(CDO)에 AAA 등급을 부여하다가 나중에 사태가 심각해지자 무려 10,000여 개나 되는 자산담보부증권의 등급을 일제히 하향조정하기도 하였다. 심지어 미국발 금융위기가 글로벌 금융위기로 확산되어 많은 국가와 기업들이 큰 경제적 어려움에 처해 있는데도 이들은 미국의 국가 신용등급을 여전히 최상위 등급인 AAA로 유지하고 있었다.

---

4 원래 역선택의 정의는 정보의 불균형으로 인해 불리한 의사결정을 하는 상황을 말한다. 하지만 본문에서 다룬 '신용평가기관의 역선택'은 공익적 성격이 강한 글로벌 신용평가기관들이 공익(公益)은 무시한 채 이해관계자 집단과 모의하여 사익(私益)만을 추구한 금융위기 당시의 현상을 설명한 것이다.

이러한 현상은 신용평가기관이 자신들의 고객인 금융기관들로부터 수수료를 받으면서 신용등급을 부여하는 모순된 이중구조를 가지고 있기 때문에 발생하게 되었다. 신용등급 하락이 금융시장에 미칠 영향을 누구보다 분명히 알고 있는 신용평가기관들이 고객을 잃으면서까지 금융기관의 신용등급을 쉽게 내리지 못한 것이다.

기업어음이나 채권을 발행하려는 회사, 금융권의 대출을 신청하는 자금수요자들, 각종 정부 주도 프로젝트 사업에 참여하려는 기업들에게 있어 전문신용평가기관의 인증은 필수적이다(고완석 외 3인, 2004). 따라서 신용평가기관이 제공하는 정보는 자본시장이 효율적으로 작동하는 데 매우 중요한 역할을 수행한다. 신용평가기관은 이러한 공공적 성격과 이윤을 추구해야 하는 기업체로서의 성격을 동시에 지니고 있다. 금융위기의 책임론이 대두되면서 글로벌 신용평가기관들은 공정성을 상실한 채 자신들의 이익을 공익보다 우선했다(신용평가기관의 역선택)는 비판을 피할 수 없게 된 것이다.

결국 금융위기는 신용평가기관의 역할과 관련해서 그 한계와 모순, 그리고 공정성에 대해 근본적인 의문을 제기하게 만들

었다.[5]

2.4 부실한 회계 시스템과 방만한 회계감독

모기지 대출을 전문으로 하는 회사들의 회계관행과 회계분식, 그리고 회계감독기구에 대한 정치적 로비, 회계처리방법 선택에 대한 허용, 감독기구의 소홀한 회계감독 등이 서로 상호작용을 하게 되어 투자자들에게 공정하고 투명한 회계정보가 제공되지 못한 것이 금융위기의 또 다른 원인으로 지적되고 있다.

모기지 대출 금융기관들은 일반적으로 인정된 회계원칙(Generally Accepted Accounting Principles ; GAAP)에 따라 회계처리를 하여 투자자들을 비롯한 이해관계자들의 유용한 의사결정을 돕기 위해 회계보고를 하게 된다(이장규 외, 2008). 그런데 기대되는 이익(미래 발생할 순대출이자 수입의 현재가치)은 불확실성이 높더라도 보고하면서 모기지 대출금의 연체와 부도로 인한 확실한 기대손실은 보고하지 않는 방식을 취해 왔다. 이러한 잘못된 회계

---

5 우리나라의 3대 신용평가기관으로는 한국신용평가, 한국신용정보, 한국기업평가가 있다. 회사채 평가 시에 기업들은 반드시 3개 중 2개의 업체에서 복수적으로 평가를 받게 되어 있는데(신용정보업법) 이렇게 함으로써 평가등급에 대한 신용도를 높이고 업체 간 상호견제를 유도하기 위함이다.

관행(회계분식)에 대해서 회계감독기구나 외부감사기관, 회계정보의 이용자와 같은 이해관계자들은 암묵적인 합의 하에 아무런 이의도 제기하지 않았다(임종화, 1991). 물론 모기지 대출은행의 경영자가 GAAP가 허용하는 범위 내에서 회계방법의 선택적 적용이 가능한 측면은 있다. 그러나 반드시 보고되어야 할 손실부분도 회계처리 방식의 변경을 회계감독기구에 요구하여 이를 관철시킴으로써 왜곡된 회계정보로 인해 자원의 효율적 배분이라는 회계의 본질적 기능을 수행하지 못하는 경우가 발생하였다.

이와 같이 회계기준의 제 · 개정을 통해 직접적인 영향을 받는 기업, 협회 등이 자신들에게 유리한 방향으로 이러한 절차를 유도하기 위해 회계기준의 설정에 관여하는 것을 회계의 정치적 과정(political process)이라 한다. 회계의 정치적 과정에는 긍정적인 측면과 부정적인 측면이 공존하고 있다. 〈표 3-5〉는 회계의 정치적 과정의 장 · 단점을 요약 · 정리한 것이다. 결국 금융위기 과정에서 나타난 금융기관들의 방만하고 왜곡된 회계보고 시스템은 관행적으로 이루어진 회계분식과 회계의 정치적 과정이 지나치게 강조됨으로써 나타난 현상이다.

〈표 3-5〉 회계의 정치적 과정의 장점과 단점

회계의 정치적 과정의 장점	회계의 정치적 과정의 단점
▪ 회계기준은 단순히 기술적 · 이론적 측면만이 존재하는 것이 아니라 수용성이 전제되어야 한다. ▪ 회계기준은 사회의 합의에 따른 선택이며 부작용을 최소화하기 위해서는 정치적 과정은 불가피하다. ▪ 과거에 회계의 기술적 측면만 강조하다 통일성과 수용성이 제고되지 못한 경험을 반복해서는 안 된다.	▪ 회계는 정치적 타협의 대상이 아니라 광범위하고 전문적인 연구의 결과로 판단되어야 할 부분이 대부분이다. ▪ 최적의 해결책이 존재하지 않는다 하더라도 전문가 집단에 의해 합리적으로 해결되는 것이 바람직하다. ▪ 정치적 타협은 회계의 전문성을 약화시키고 결국 이해관계자들 간의 소모적인 논쟁만을 야기시킨다.

* 출처 : 송인만 외 2인, 『K-IFRS 중급회계』, 신영사, 2010.

2.5 금융자본주의에 매료된 이해관계자들의 도덕적 불감증

투자은행들의 초대형화, 과도한 신용공급과 증권화, 초고위험 채권의 무분별한 발행, 서브프라임 모기지에 대한 규제 완화, 회계부실과 신용평가기관의 방만한 역할 수행 등 금융위기를 초래할 만한 많은 요인들이 이미 존재하고 있었다. 실제로 다양한 형태로 위기의 징조들이 나타났지만 시장 참여자들은 금융산업의 미래에 대한 과신과 지나친 낙관을 가지고 있었다. 1997년 말 태국, 한국, 인도네시아 등 아시아 신흥국가들의 외환위기와 1998년 8월 러시아의 금융위기도 사실상 대규모 투기자금이 이들 국가들로부터 유출되면서 시작되었다. 즉, 아시아와 러시아 금융위기의 배후에는 월가 초대형 투자은행의 투기자금이 존재하고 있었다. 막대한 투기자금이 빠져나가면서 이들 국가들은 순식간에 엄청난 국부를 상실하고 실물자산들이 헐값에 매각되는 사태를 맞이하게 되었다. 아시아 외환위기 당시에 미국 모기지 회사들 중 상당수가 불완전 판매 내지는 사기적 대출행위로 파산하거나 소송에 계류되었다. 이는 당시 모기지 대출과 관련된 도덕적 불감증이 얼마나 심했는지를 잘 보여주는 사건이었다.

1990년대 중반부터 인터넷 관련 벤처산업에 대한 투자열풍으로 나스닥 주가가 급상승하는 소위 'dot-com bubble' 현상이 나타났으나 2000년 3월 10일을 정점으로 폭락하는 사건이 발생하였다. 이 사건 역시 신중한 분석을 통한 합리적 투자의사결정의 결과가 아닌 무분별한 투기자금이 만들어낸 작품이라 할 것이다.

한편, 2001년에 발생한 9 · 11 테러로 인해 미국민은 심리적으로 크게 위축되었고, 사회적 불안감은 증폭되고 있었다. 특히, 2001년 말 대형 에너지 회사인 엔론(Enron)이 Big5 회계법인인 아서 앤더슨(Arthur Andersen)과 공모한 회계부정사건으로 퇴출당하고 장거리 전화시장의 2위 기업이었던 월드 컴(MCI World Com) 역시 회계부정으로 2002년 7월에 파산하는 일이 발생하였다. 이 사건들은 이미 이 당시부터 미국 사회 전반에 도덕적 해이가 팽배해 있었음을 보여주는 전조 현상이었다. 소수의 사람들이 금융시장 전반에 심각한 문제가 발생할 수도 있다는 시스템 위험(systemic risk)을 경고하였지만 금융자본주의의 매력에 도취된 대다수의 사람들은 앞으로 닥쳐올 사태의 심각성을 깨닫지 못하고 있었다(최혁, 2009).

3. 도덕적 해이 현상에 대한 성경적 대책

본 절에서는 글로벌 금융위기의 원인을 시장 참여자들의 도덕적 불감증 소위 도덕적 해이(moral hazard) 라는 관점에서 집중조명해 보고자 한다. 이를 통해 금융자본주의와 물질만능주의 시대를 살아가는 현대인들에게 경제를 올바르게 이해시키고 경제생활을 합리적이고 성경적으로 영위해 나가기 위한 새로운 관점(insight)을 제시하고자 한다.

2절에서는 금융위기의 원인을 다양한 원천을 통해 살펴보면서 이 위기는 보다 많은 이익을 얻을 수만 있다면 큰 위험조차도 수용하려는 인간의 선택에서 비롯되었다고 판단하였다. 즉, 금융위기를 초래한 근본적 원인 안에는 타락한 인간의 본성인 탐심이 자리 잡고 있으며 이 탐심으로 인해 충분히 지각했을 위험에 대한 경고를 무시한 결과가 금융위기로 나타났다는 것이다.[6] 이러한 관점에 입각해서 금융위기에 내재된 도덕적 해이 현상에 대한 성경적 대안을 제시하고자 한다. 이에 앞서 금융위기의 영향을 비교적 적게 받은 기업·나라들과 가장 큰 타격을 입은 아이

---

6 인간본성에 내재된 탐심은 상식적 판단을 무시하고 오직 물질적 보상과 성취에만 매달리게 했다는 점에서 매우 강력한 습관을 형성하고 있었다고 볼 수 있다(강주헌 옮김, 2012).

슬란드의 사례를 소개하고자 한다.

3.1 금융위기가 여러 나라들에 미친 영향

세계적인 금융자본주의의 위기 속에서도 자국의 경제와 금융시스템을 안정적으로 유지시킨 나라와 기업들이 있다. 이들은 대체로 실물경제에 강점을 지닌 독일과 일본, 위험자산의 관리를 철저히 해온 기업들, 그리고 이슬람 정신에 의해 과도한 대출 · 위험투자를 엄격히 통제해 온 이슬람 계통의 은행들이다.

독일은 전통적인 제조업 강국으로 제조업이 고용창출 1순위(19.6%)이다. 세계 500대 중소기업 중 400개가 독일에 있으며 연구개발과 설비투자 규모(60조원)가 유럽 내에서 1위이다. 따라서 첨단기술과 결합된 고부가가치 제조업을 자국 내에서 육성하여 첨단기술의 해외유출을 차단하고 비용절감을 달성하였으며 인원감축 대신에 생산성을 높여나가는 매우 견실한 경제 시스템을 구축하고 있었다. 독일은 글로벌 금융위기 당시 6,370억 달러의 금융기관 지원안을 발표하였으나 공적자금을 신청한 곳은 단 2개 기업에 불과하였다.

일본 역시 독일과 유사한 경제운용방식을 지니고 있었다. 일본은 금융서비스나 서비스업보다는 자동차, 부품소재, 전자 등 제조업을 중점 육성하였으며 매출액 대비 3~4%를 연구개발비로 지출하고 있었다. 또한 인금인상을 최소화하여(연 1.3%) 가격경쟁력을 확보하였으며 최고로 우수한 품질을 생산한다는 장인정신으로 무장하였다. 또한 기업의 안정적인 재무구조를 위해 부채비율을 150% 이하로 유지하도록 하였으며 기술보호를 위해 해외 진출기업을 자국 내로 유턴시키는 정책을 적극 활용하였다.

이슬람계 금융기관은 일반 은행과 같이 예금과 채권발행을 통해 자금조달을 하지만 이자가 없고 금융기관이 자본을 투입하고 자금을 이용하는 사람은 기술이나 노동을 제공하는 개념으로 시장이 형성된다. 전통적인 이슬람 율법의 가르침에 따라 이슬람계 은행들에서는 불로소득인 이자의 개념이 없고 샤리아법(sharia)을 근거로 도박, 음주 관련 산업을 금지시키고 있다. 이와 같은 철저한 이슬람 율법의 통제 하에 놓여진 이슬람 금융기관들이 글로벌 금융위기를 빗겨나간 것은 당연한 일이라고 보여진다.

이 외에도 견실하게 경영하며 위험투자를 최소화시킨 월가 초우량 기업인 허드슨 시티(Hudson City Savings Bank), UMB 파이낸셜, 크레디트 스위스(Credit Suisse), 영국의 HSBC, 독일의 Commerzbank, 도이치 뱅크, 그리고 스웨덴의 금융기관들 역시 글로벌 금융위기의 영향을 가장 작게 받았거나 오히려 순이익을 낸 것으로 보고되고 있다.

반면, 미국식 금융자본주의를 가장 적극적으로 수용했던 아이슬란드는 금융위기로 가장 큰 피해를 입은 나라로 분류된다. 인구 30만의 소국인 아이슬란드는 원래 어업국이었으나 1990년대 중반부터 금융 중심의 개방정책을 표방한 이후 각종 규제를 완화하고 해외 자금의 국내 유치를 위해 경쟁국들에 비해 높은 이자율을 지급하는 파생금융상품의 개발로 엄청난 부를 축적하였다(주간조선, 2008. 10. 27). 2007년 당시 1인당 국민소득이 6만 달러 정도로 세계 4위의 부국이었으나 미국발 금융위기의 직격탄을 맞고 주식거래가 중단되고 3개 은행이 국유화되는 과정을 거쳐 2009년 1월 26일 정부가 붕괴되고 IMF의 구제금융을 받게 되는 초유의 사태가 발생하였다. 한때, 유럽 금융시장 전반에 걸쳐 높은 영향력을 행사해 온 아이슬란드가 국가부도 사태를 초래하게 된 데는 1,000억 달러를 상회하는 과다한 외채가 주원인으로 작용하였다.

미국발 금융위기가 유럽대륙을 강타하자 아이슬란드와 거래하는 독일, 덴마크, 스웨덴 등 주요 유럽은행들의 재무상태가 취약해지면서 대외 채무액이 높은 아이슬란드의 외환보유액이 바닥났고 그 결과 자국 내 금융 시스템이 거의 붕괴되는 운명을 맞이하게 되었다(이수정, 2008).

3.2 정부의 역할과 시장경제 시스템

시장경제 시스템이 작동되는 자본주의 경제 시스템 하에서 정부의 역할은 어디까지인가? 시장실패를 막고 분배의 정의를 실현하고 경제성장을 촉진시키기 위해 각종 규제를 만들거나 완화하는 정책을 위해 정부가 시장에 개입해야 한다는 데 대해 이론을 제기하는 사람들은 많지 않을 것이다. 자유로운 자본조달이 가능한 글로벌 자본시장, IT 산업과 금융공학의 발전에 의해 거대 금융자본은 이미 한 국가의 통제만을 받아들이기에는 너무나 복잡화 · 다국적화되어 있다. 미국발 금융위기를 공동대처하기 위해 G20의 정상들과 재무장관들이 함께 자리를 마련한 것은 어찌 보면 당연한 일이라 할 것이다.[7]

본 저자는 미국발 금융위기가 클린턴(W. J. Clinton, 재임기간 1993~2001) 정부의 월스트리트 금융시장 성장정책 및 주택보급률 · 유동성 확대정책, 부시(G. W. Bush, 재임기간 2001~2009) 행정부의 초저금리 정책에 이은 금리상승정책 등 금융 및 주택시장에 정부가 지나치게 개입한 결과라는 측면을 지적하고 싶다. 최

7 2008년 11월 15일 미국 워싱턴에서 G20 정상들이 모여 국제적 공조를 통해 금융위기를 공동대처해 나가려 하였는데, 이는 1973년에 G5에서 시작해서 G7(1976), G8(1997) 등의 과정을 거치면서 점차 발전해 온 것이다.

근 그리스의 재정위기 역시 실업과 고용시장 안정, 그리고 강력한 복지 시스템 운영을 위한 과도한 지출과 방만한 재정운영이 원인이 되고 있다. 뿐만 아니라 그리스의 재정위기가 남유럽 국가들이나 EU, 세계 경제에 미칠 파장도 신중히 검토되고 있다. 국가경제의 정상적 발전을 위해서는 성장과 분배정책의 적절한 조화가 필요하다. 미국의 경우는 지나친 성장정책이, 그리고 그리스의 경우는 과도한 분배정책이 국가경제에 걸림돌이 되었다고 판단된다.

여기서 구약성경 창세기에 애굽(이집트)의 총리대신으로 임명된 요셉의 경제관을 살펴보고자 한다. 비록 요셉이 통치하던 고대 시대(대략 BC. 15세기 무렵)와 오늘날의 글로벌화된 시장경제 시스템과의 직접적인 비교는 어렵다 할지라도 우리에게 주는 시사점은 매우 크다.[8] 창세기 47장 13절 이하의 말씀을 보면 애굽과 가나안 지역에 기근이 심하게 들었을 때 요셉은 14년 전부터 이를 예측하여 미리 충분한 양식을 비축해 두었다(효율적인 성장정책). 그러나 굶주린 백성들에게 이 양식을 무상으로 제공하지는 않았다. 처음부터 철저히 돈을 받고 양식을 제공하였으며 돈이

8 경제활동이 오늘날에 비해 매우 단순했던 고대 시대에는 백성을 빈곤과 가난으로부터 구휼하고 충분하고 안정적인 양식을 공급하는 것이 통치자의 가장 중요한 경제적 역할이었을 것으로 판단된다.

다하면 짐승이라도 받았고 마지막에는 그들이 소유한 토지와 신체까지라도 담보로 해서 양식과 종자를 공급하였다.

요셉은 정책을 입안하고 실시하는 전 과정에서 하나님의 은혜를 백성들에게 나누어주는 참된 통치자로서의 안목과 경륜을 충분히 지니고 있었다. 그러므로 다소 냉정하고 지나치게 엄격한 원칙을 적용하였지만 이 모든 일들이 자신이 아닌 백성들의 유익을 구하는 것이 되었다. 그 결과 전례 없는 극단적 경제정책을 펼쳤음에도 불구하고 애굽의 온 백성들은 요셉과 바로에게 감사를 돌리며 그 은혜에 진정으로 종속되기를 바라고 있었다.

위에서 본 저자는 미국발 금융위기나 그리스 재정위기의 시발점이 지나친 정부개입(지나친 성장정책과 지나친 분배정책)이라는 지적을 하였다. 그런데 이러한 정부개입의 이면에는 정책 입안자들이 진정으로 백성을 사랑하는 마음보다는 정책의 관철을 통한 자기실현 내지는 자기만족 더 나아가 정치적 표퓰리즘이나 당리적 정당성이 작용했을 가능성을 배제하기는 어렵다.

미국의 각종 정책을 입안한 통치자들은 백성들의 참된 필요가 무엇인지를 이해하고 이를 채울 수 있는 참된 목자와 같은 마음을 지니고 있었던가? 아니면 단지 효율성과 효과성만을 따르는 자본주의의 신봉자들인가? 결국에는 자신의 목적을 성취하기 위해 역선택을 서슴치 않는 탐심의 노예들인가?

한편, 인간의 합리적 이성을 신뢰하고 이를 바탕으로 한 개인의 자유보장을 가장 중요시하고 있는 근대적 자유주의가 자본주의 경제체제와 결합함으로써 심각한 문제들을 양산시키고 있다. 우리 나라는 독과점 및 노동착취, 빈부격차의 심화로 인한 공동체의 붕괴, 생태계 파괴로 인한 인간생존의 위험 등 과도한 경쟁으로 자신의 이익만을 추구하는 심각한 사회로 변해가고 있다. 이 문제를 해결하기 위한 수많은 정책 대안들이 쏟아져 나오고 있지만 정책의 실효성은 미미한 수준이며 오히려 정치적 갈등만 심화되고 있을 뿐이다.

이 시점에서 우리 모두는 요셉이 왜 예수의 예표이며 요셉의 통치가 참된 통치자로 오신 예수의 모형인지를 깊이 생각해보아야 할 것이다. 요셉의 독특한 통치가 백성들의 감사로 귀결될 수 있었던 원인은 무엇이었을까? 요셉은 7년간의 풍년기에는 양식을 비축하는 성장정책을, 그 이후 7년간의 흉년기에는 양식을 공급하는 분배정책을 구사하였다. 이를 통해 요셉은 백성들의 생명을 죽음에서 살려내는 것에 궁극적인 목적을 두었다. 하나님의 손에 붙잡혀 깊이 다루어진 요셉의 전인적인 삶은 마치 인생의 참주인이시며 통치자이신 예수님이 죄와 사망으로 인해 죽었던 우리 생명을 살리고 영원한 생명을 주시기 위해 이 땅에 오신 것(성육신하시고 죽으시고 부활승천하심)의 예표라 할 수 있

다.[9]

인류 역사에 큰 족적을 남긴 위대한 통치자들과 참된 통치자(왕)이신 예수의 차이는 무엇인가? 전자는 백성만을 위한다는 절대명분을 가졌다 하더라도 자기 공적과 이념을 위해서라면 타인의 희생을 당연시하였다.[10] 하지만 예수는 전 인류를 구속하기 위해 흠 없는 자기 자신을 온전히 하나님께 제물로 드린 것이다(요한복음 10 : 11).

자본주의 사회가 효율적으로 유지되기 위해서는 정부의 간섭이 전혀 없는 완전자유시장 경제는 불가능하다. 오히려 오늘날에는 무한경쟁과 효율성, 수익성 증진을 위해 기업의 초대형화, 글로벌화가 급속히 진행되고 있다. 이로 인해 국가 간 공조에 바탕을 둔 정부의 새로운 역할정립이 필요한 시점이다.[11] 앞서 밝힌

---

9 요셉이 형들의 시기를 받아 애굽에 노예로 팔려가 온갖 고난과 유혹을 받았지만 하나님의 보호하심과 인도하심으로 애굽의 총리가 된 것은 마치 예수가 십자가의 죽음을 통해 모두에게 철저히 버려졌지만 하나님이 그를 다시 살려 보좌우편까지 올리신 것과 정확히 대응된다.

10 우리나라와 중국을 절대빈곤의 상황에서 근대화로 이끈 박정희 대통령과 등소평은 정권유지를 위한 수많은 탄압과 피비린내 나는 숙청과 희생을 강요했다는 점(지나친 성장정책)에서 공통점이 있다.

11 앞으로 현대인들은 글로벌화된 경제 시스템 하에서 보다 긴밀한 상호작용을 하면서 살아가게 될 것이다. 어느 한 나라의 경제적 변화가 세계 여러 나라에 동시에 영향을 미치게 될 것이며 경제규모가 큰 나라들일수록 이러한 영향력은 더 크게 작용하게 될 것이다. 따라서 한 정부가 자국 내 시장경제 시스템에 개입할 경우 글로벌 시장에 미치는 영향을 간과할 수 없기 때문에 국가 간 공조도 더욱 긴밀해 질 것이다.

바와 같이 성장성, 효율성, 수익성이라는 경제논리에 기초해 국민의 희생을 강요하기보다는 적절한 성장과 분배정책을 통해 국민을 진정으로 사랑하는 통치자의 역할이 절실히 요구되고 있다. 이러한 관점에서 하나님을 두려워하고 백성을 사랑하는 마음에 기초하여 성장 및 분배정책을 조화롭게 활용한 요셉의 경제관이 시사하는 바는 크다고 할 것이다.

3.3 탐심이 도덕적 해이의 근원

리먼브라더스가 파산하던 날 언론매체를 통해 미국의 한 화가가 남긴 유명한 말이 있다. "탐심이란 과도한 위험에 투자하는 것이다". 비록 성경 말씀은 아니라 할지라도 매우 간결하면서도 직관적으로 당시의 상황을 잘 표현하였다.

투자은행의 대형화와 위험자산의 증권화, 투자자나 주택구입자의 고위험-고수익선호, 규제당국의 방만한 운영, 신용평가기관의 공정성 상실, 모기지 전문업체의 불완전 판매 및 회계분식, IT와 모기지 프로그램의 연계로 인한 부실한 대출심사와 같은 금융시스템 전반을 마비시킨 도덕적 해이 현상의 근저에는 물질적 소유욕(인간의 탐심)이 자리 잡고 있었다. 당시 미국의 월가는 이러한 인간 탐심의 결정체라고 할 수 있었다. 탐심이 극대화되자 합리적 교육과 전문성을 가진 세계 최고의 엘리트가 모인 월가 한복판에서 전문적 직업인이 가져야 할 공정성이나 사회적 책임, 계약관계에서 지켜져야 할 상호신뢰는 마비되고 힘의 원리(금력)만이 정의로 작동하는 현상이 표면화되었다.

최혁(2009)은 금융위기의 발생원인으로 일부 파생금융상품이 시스템위험을 지니고 있음을 간과한 것과 위험상품을 거래하는 과정에서 신용평가회사의 신용등급에 지나치게 의존했다는 점, 그리고 이 두 가지 문제들을 통제할 규제장치가 거의 없었다는 점을 피력하고 있다. 본 저자 역시 이 문제들을 합리적으로 통제할 규제장치가 필요하다는 데 전적으로 동의하는 바이다. 그런데 과연 금융시장에 참여했던 이해관계자들이 이 통제장치의 필요성을 인지하지 못하다가 위기가 본격화된 이후에나 깨닫게 되었을까? 그리고 안전한 통제장치와 엄격한 법적 규제로 과연 이 골치 아픈 문제들이 사라지게 될 것인가? 정부 규제기관, 신용분석가, 정치가, 모기지 대출은행, 대형투자은행, 투자자, 주택매입자 등 금융시장의 참여자들은 금융 시스템 내에 이런 위험이 내재하고 있음을 인지하였으나 탐심의 바벨탑 앞에서는 누구도 자신의 이익을 포기하면서까지 정의를 내세울 사람은 없었을 것이다. 오히려 탐심에 종속된 인간들에게는 금융 시스템의 불완전성이 자신들의 욕구를 충족시키는 안전장치였을 것이다. 혹자는 파생금융상품이나 금융공학이 금융위기의 원흉이 아니라 이 아름다운 도구들을 잘못 사용한 인간이 모든 문제의 원인이라고도 하였다. 결국 금융위기로 인한 세계 경제의 파탄은 인간 탐심의 바벨탑이 무너진 사건이라 할 것이다(계 18 : 2).

3.4 성경적 토지관과 물질관

파생금융상품은 미래에 기대되는 현금흐름의 현재가치로 평가될 수 있다. 따라서 파생금융상품은 미래 기대치가 존재할 경우에만 자산으로서의 의미를 갖게 된다. 결국 이러한 시각에서 본다면 금융위기는 미래에 대한 지나친 낙관과 기대치가 증발하면서 발생한 사건인 것이다. 실제로 파생금융상품을 만들어낸 기초 실물자산은 토지(부동산)이다. 성경과 이스라엘의 토지관은 매우 독특하지만 금융위기에 대한 근본적인 해결점을 제공한다고 보여진다. 이스라엘의 구약율법에서는 토지를 매매하더라도 희년(50년)이 되면 원래의 주인에게 되돌려주어야 하므로 토지를 이용한 투기나 자산의 증식이 근본적으로는 불가능하다(레위기 25장). 매매를 통한 토지의 사적 소유와 재산증식을 금지한 희년 제도의 영적 의미는 인생은 하나님으로부터 나서 하나님께로 돌아가야 할 유한한 피조물이며 한 날의 양식을 족하게 여겨야 하는 나그네 같은 존재라는 것이다. 이 얼마나 완전하고 온전한 토지법이며 탐심으로 가득찬 인생의 거품을 제하는 지혜로운 방법인가!

자신의 안녕과 미래의 복락을 위해 기도를 가르쳐 달라고 하는 제자들에게 예수님은 주기도문을 통해 인생의 참된 목적은 하나님을 영화롭게 하는 것이며 일용할 양식을 구해야 할 유한한 존재임을 상기시키고 있다(마태복음 6 : 11). 즉, 불확실한 미래의 위험을 분산시키고 통제하기 위해 여러 가지 기법을 동원할 자(누가복음 18장 18절 이하에 나오는 부자관원처럼)가 아니라 주어진 하루하루를 겸허하게 받아들이고 그 하루만이라도 주님을 위해 살아가기 위해 일용할 양식을 구하는 지극히 현재적인 삶을 우리에게 요구하고 계신 것이다. 만약 일용할 양식 이외의 물질이 주어진다면 주님을 영화롭게 하는 일과 형제를 구제하고 복음을 전하는 데 사용되어야 할 것이다(마태복음 19 : 21, 로마서 12장).

타락한 인간이 탐심과 도덕적 해이를 극복하고 물질을 지배하고 다스리며 진정한 청지기로서의 직업관을 가지고 하나님께 영광 돌리는 삶을 살아가기 위해서는 제도의 개선이나 보완만으로는 결국 미봉책에 그치고 말 것이다. 인간의 물질에 대한 끊임없는 탐심과 우상숭배의 거대한 흐름(바벨론의 세계)을 끝내시고 참된 인격의 위치를 회복시켜 주신 예수의 생명으로 거듭나는 것만이 유일하고 근본적인 해결책이 될 것이다. 하나님께 자기 자신을 드린 자만이 참으로 물질의 소유에서 벗어나 참보배이신 주님을 소유하는 자가 될 것이다. 마치 자신의 전 소유를 팔아 밭에 묻힌 보화이신 주님을 사는 지혜로운 투자자(마태복음 13 : 44)처럼 될 것이다.

4. 결론 : 물질을 지배하고 다스리는 참된 인격의 회복방안

금융위기 이후 자본시장의 효율성과 안정성을 확보하기 위해 금융 · 회계 시스템 전반에 대한 규제를 강화하고 신용평가기관과 회계감독기구의 역할을 재정립하고 글로벌 금융시장에 공동 대처하기 위한 국가 간 협력이 강화되는 등 다양하고 신속한 정책들이 시행되고 있다. 본서에서는 2008년 글로벌 금융위기가 정부의 지나친 시장개입, 잘못된 물질관, 그리고 시장 참여자들의 도덕적 해이로 인해 촉발되었다는 관점 하에서 이를 극복하기 위한 원인분석과 성경적 대안을 제시하였다.

금융위기는 서브프라임 모기지 시장과 서민주택시장에 대한 미 정부의 지나친 개입과 성장정책에서 비롯되었다. 따라서 이를 근본적으로 극복하고 금융위기의 재발을 방지하기 위한 정부의 역할에 대하여 성경적 대안을 제시하였다. 성장과 분배정책이라는 경제의 두 가지 기능은 백성을 근본적으로 사랑하는 마음에서 출발할 때만 소기의 성과를 달성할 수 있으며 이를 요셉과 다른 통치자들을 비교하면서 제시하였다. 경제(經濟)라는 용어가 경국제세(經國濟世), 즉 나라를 잘 다스려 백성을 구제한다는 의미를 갖고 있음에서 볼 수 있듯이 경제의 궁극적 목적은 백성을 편안하고 잘 살게 하는 것이다. 요셉처럼 백성을 진정으로 사랑하는 마음을 가진 통치자는 자신이 하나님의 대리통치자임을 인식하고 있는 사람이며 이러한 통치자는 어떠한 성장정책 내지 분배정책을 입안하고 시행한다고 하더라도 자신을 위한 역선택이 아닌 하나님의 백성을 위해 일하는 자가 되는 것이다. 백성을 자신의 영달을 위한 수단이 아닌 하나님이 맡겨 주신 하나님의 백성임을 인식한 통치자만이 진정한 통치자라고 할 것이다.

한편, 글로벌 금융위기는 시장 참여자들의 잘못된 물질관과 토지관, 그리고 탐심에서 비롯된 도덕적 해이에 기초하고 있다. 물질만능이 지배하는 자본주의 시대를 살아가고 있는 현대인들에게는 끊임없는 필요가 창출되고 있으며 이로 인해 인간 내면에 자리 잡은 탐심이 자극받고 있다. 현대인들은 단지 편리와 필요를 추구하기 위해 자신과 시간을 낭비하고 있으며 자신이 무엇을 위해 돈을 벌고 있는지 모른 채 남들보다 더 잘 살고 더 편리한 삶을 추구하기 위해 몸부림치고 있는 것이다. 성경의 가르침은 일용(日用)할 양식만이 인간의 필요이며 그 이상을 얻게 되면 그것은 하나님의 나라와 그의 의를 위해 사용되어야 할 것으로 규정하고 있다. 일용할 양식 이상을 구하고 추구하는 것은 탐심이며 곧 우상숭배인 것이다. 효율적이고 성실한 경제활동을 통해 이윤을 창출하고 잉여생산물이 생겨난다면 이를 어디에 어떻게 사용해야 할 것인지 성경은 명백하게 우리에게 제시하고 있다. 결국 그리스도와 그의 나라를 구하지 않는 모든 경제활동은 인간 탐심의 발로라고 할 것이다.

마지막으로 성경은 신용평가기관의 역선택과 회계담당자의 부실한 회계처리 및 회계감독기구의 감독소홀에 대해 다음과 같이 너무도 명확하고 분명한 가르침을 제시하고 있다.

> "네 이웃에 대하여 거짓 증거하지 말지니라"(신명기 5 : 20)
>
> "한결같지 않은 저울 추와 한결같지 않은 되는 다 여호와께서 미워하시느니라"(잠언 20 : 10)

탐욕으로 빗나간 인생들에게 디모데후서 3장 16절에서는 모든 성경이 하나님의 감동으로 된 것으로 교훈과 책망과 바르게 함과 의로 교육하기에 유익한 말씀임을 밝히고 있다. 골로새서 3장 22절에서는 눈가림만 하는 자가 되지 말고 오직 주를 두려워하는 마음으로 성실히 모든 일에 임할 것을 권고하고 있는데 이러한 온전한 주의 말씀을 따라 경제활동과 삶을 영위해 나가는 것이 가장 축복된 일이 될 것이다.

참고문헌

고완석 외 3인(2004), 『회계학 원론』, 율곡출판사.

김재진(2002), 『기독교와 경제』, 도서출판 셋.

삼성경제연구소(2009. 11. 15), "국가브랜드지수 조사결과 보고서".

송인만 외 2인(2010), 『K-IFRS 중급회계』, 신영사.

이수정(2008. 10. 9), 동향자료, KOTRA.

이장규 외 5인(2008), 『IFRS 회계국경이 사라진다』, 교보문고.

임종화(1991), 『재무제표분식 어떻게 발견하나』, 기린원.

정인환(2008. 1), "국가보다 기업이 더 비싼 시대", 『한겨레21』, 통권 694호, 32-34.

『주간조선』(2008. 10. 27), 통권 2027호, 164-166.

찰스 두히그, 강주헌 옮김(2012), 『습관의 힘』, 갤리온, 44-52.

최진기(2009), 『지금 당장 경제 공부 시작하라』, 한빛비즈.

최혁(2009), 『2008 글로벌 금융위기』, k-books.

하마다 가즈유키, 김정환 옮김(2009), 『대공황 이후의 세계 : 다극화인가, 미국의 부활인가』, 서울 : 미들하우스.

Colossians 3 : 22.

Deuteronomy 5 : 20.

Genesis Chapter 47.

John 10 : 11.

Leviticus Chapter 25.

Luke Chapter 18.

Matthew 6 : 11, 13 : 44, 19 : 21.

Proverbs 20 : 10.

Revelation 18 : 2.

2Timothy 3 : 16.

The Bible(개역개정 4판).

KBS1, 「KBS스페셜, 미국발 금융위기」, 2008. 9. 21.

http://finance.naver.com/world

1. 들어가는 글

2. 분식회계의 발생원인과 실태

3. 불의한 청지기의 비유에 나타난 하나님 나라

4. 결론 : 주님이 원하시는 진정한 청지기는 누구인가?

제4장

분식회계와 청지기 사명

"THE DISHONEST STEWARD", Eugène Burnand(1850~1921)
1908년 프랑스 파리의 Berger-Levrault 출판사에서 발행한
"Les Paraboles"에 포함된 삽화.

4장 “분식회계와 청지기 사명”은 백석대학교 설립 30주년 기념논문집인 「기독교 대학의 글로벌 리더」(2006. 11)에 게재된 논문을 기초로 재구성하였습니다.

1. 들어가는 글

우리나라는 1997년 말 외환위기를 거치면서 세계은행(IBRD) 및 국제통화기금(IMF)의 압력에 의해 회계기준을 국제적 기준에 맞추어 개정하는 등 전반적인 회계제도의 개선이 급속도로 진행되어 오고 있다. 외환위기는 우리나라 국가경제 전반의 부도사태로서 그 발생원인은 여러 가지 측면에서 연구되고 논의되어 왔다. 회계 측면에서는 희소한 경제적 자원을 효율적으로 배분하는 회계 본래의 역할과 기능을 상실하고 신뢰할 수 없는 회계정보가 유통되어 국가 전체적으로 자원배분의 심각한 왜곡현상이 나타나도록 방임한 것이 IMF 사태의 중요한 요인으로 여겨지고 있다.

기업의 실제 상황을 보다 좋고 그럴듯한 모습으로 꾸며서 나타내는 회계처리방식을 분식회계(粉飾會計)라고 한다. 대부분의 기업들은 사업성과나 재무상태에서 나타나는 문제점은 감추고 회계보고서를 분식해서라도 외부투자자나 이해관계자들에게 좋은 평가를 받고자 하는 유혹에 쉽게 노출되어 있다(KDI 경제분석팀, 2003). 이는 분식회계를 통해 기업들이 얻을 수 있는 당장의 이익은 시급하고 중요하지만 분식처리한 회계정보가 자본시장에 유출되면 국가 · 사회적으로 엄청난 손실을 초래하게 되어 결국에는 그 피해가 해당 기업에 고스란히 되돌아오게 된다는 사실에 대한 근본적 인식이 부족하기 때문이다.

현대 자본주의는 자유 시장경제를 근본이념으로 하고 있다. 따라서 이윤추구를 위한 자유로운 경쟁이 가능해지면서 치열한 경쟁에서 생존 및 비교우위를 확보하기 위해 자본기업가들은 대규모 사업자금이 원활하게 조달되는 주식회사라는 기업경영구조(business management mechanism)를 자연스럽게 고안하게 되었다. 사업가들은 주식회사 형태로 기업을 운영하면 개인적으로는 적은 액수라 하더라도 불특정 다수의 대중들을 대상으로 투자를 받을 수가 있기 때문에 안정적인 대규모 사업자금의 확보가 가능할 것으로 판단하였다. 일반 대중들을 자본제공자로 유인하기 위한 최상의 인센티브는 기업의 실질적 · 법적인 주인인 주주로서의 지위를 부여하는 것이었다. 또한 주주들은 투자지분에 대해서만 책임을 지므로 기업이 청산하거나 폐업이 되더라도 위험부담을 최소화할 수 있는 이점이 있었다.

상당수의 자본가들은 이와 같은 유한책임의 장점과 더불어 개인기업이나 합자회자, 합명회사, 유한회사보다는 주식회사에 주주로 참여하게 되면 높은 배당수익과 기업가치 상승에 따른 초과이익을 얻을 수 있다는 점에서 매력을 갖게 되었다. 주식회사를 통한 기업운영 방식은 사업자금 조달 측면에서만 보더라도 장기간 안정적인 자금조달이 가능하면서도 고정이자를 지불하지 않아도 되기 때문에 인간이 현재까지 개발한 최선의 자본주의 경제 시스템(기업운영 시스템)으로 보아야 할 것이다(황호찬, 2001). 그런데 주식회사는 일반적으로 경영에 직접 참가하지 않는 수많은 사람들에게 주식이 분산되어 있고 전문경영인이 주주들을 대신해서 경영을 하게 된다. 이로 인해 경영자들이 회사의 실질적인 주인인 주주를 위해서가 아닌 자신의 이익을 극대화하는 방향으로 역선택(adverse selection)을 할 가능성이 높은데 이를 도덕적 해이(moral hazard) 현상 또는 대리인 문제(agency problem, 성경적으로 보아 청지기의 사명에 관한 문제)라고 한다. 결국 자본주의 경제 시스템 내에서 인간들의 가장 뛰어난 경영기술과 지혜의 총화라 할 수 있는 주식회사제도라 하더라도 치명적인 약점을 지니고 있음을 알 수 있다.[1]

좁게는 주주의 대리인이며 넓게는 기업경영의 청지기인 경영자가 주주나 기업의 이익보다는 경영권 유지를 위해 경영성과와 재무상태를 분식하여 보고하는 것은 주식회사제도 하에서의 가장 대표적인 역선택의 문제에 속한다. 이에 본 연구에서는 먼저 분식회계의 정의, 발생원인, 우리나라의 분식회계 실태 및 예방대책에 대해서 2절에서 소개한다. 본 연구의 핵심을 다루고 있는 3

---

1 하나님의 어리석음이 사람보다 지혜롭고 하나님의 약하심이 사람보다 강하니라(고전 1장 25절)

절에서는 주인의 재산을 실제보다 적게 보고한(회계적으로 과소계상이라는 방식으로 분식처리한) 불의한 청지기 비유를 누가복음 16장을 중심으로 재조명해 봄으로써 자본주의 경제 시스템을 살아가는 현대인들에게 대리인(청지기)의 진정한 역할과 사명이 무엇인지 제시해 보고자 한다.

2. 분식회계의 발생원인과 실태

2.1 분식회계의 정의와 발생원인

2.1.1 분식회계(粉飾會計)의 정의

분식(粉飾)의 사전적 의미는 아름답게 또는 훌륭하게 보이기 위하여 겉을 꾸미고 겉치장을 한다는 의미이다. 또한 분식이 扮飾이라는 한자음으로 표기될 때는 몸의 차림새를 잘 매만져서 맵시 있게 꾸민다는 뜻으로 몸치장(몸-治粧)을 한다는 의미이다. 그러므로 기업의 경영성과나 재무적 상태를 실제(경제적 실질, economic substance)보다 부풀려 과장하거나 반대로 실제보다 적게 나타내거나 또는 사실을 의도적으로 누락시키거나 왜곡시켜 회계장부에 보고하는 회계부정(accounting fraud) 행위인 분식회계는 粉飾會計라는 표현이 적합하다.

회계감사기준서에서는 부정(不正, fraud)을 경영진, 지배기구, 종업원 또는 제3자 중 1인 이상이 부당하거나 불법적인 이득을 취하기 위해 기만행위가 연루된 의도적 행위로 정의하고 있다.[2]

---

2 감사기준서 240. 재무제표감사에서의 부정에 관한 감사인의 책임, 11 (a)

협의의 회계부정은 주로 재무제표(財務諸表)의 의도적인 왜곡 표시를 말하는 것이며 이 재무제표를 실제보다 좋게 보이도록 하거나 실제와 다르게 보이도록 하는 것이 재무제표분식이다.

재무제표상의 금액이 사실과 다르게 보고된다는 점에서는 분식회계는 회계오류와 다를 바가 없다. 그러나 분식회계는 의도적인 회계부정이라는 점에서 재무제표 작성자의 경험이나 지식부족에서 발생하는 회계오류(會計誤謬, accounting error)와는 구별되어야 할 것이다. 따라서 의도적인 회계부정 행위인 분식회계와 회계장부를 작성하다 저지른 실수인 회계오류의 처리방법이 다른 것은 당연하다. 회계장부를 고의로 분식처리한 경영자나 이러한 사실을 알면서도 묵인한 외부감사인과 회계법인에게는 민·형사상의 강력한 법률적 제재가 부여되고 있다.[3] 그러나 회계상 오류가 발견되었을 경우에는 원칙적으로는 그 이전 회계 기간 동안의 오류내용과 금액을 오류를 발견한 회계 기간에 모두 반영하여 당기의 손익을 조정하도록 하고 있다. 그러나 재무제표의 신뢰성을 심각하게 손상시킬 수 있을 정도로 매우 중요한 오류사항에 대해서는 과거의 오류를 소급해서 수정하고 잘못 작성된 과거 재무제표를 재작성하도록 규정하고 있다(한국채택국제회계기준 제

---

3 여기에 대해서는 한국회계학회의 감사인의 손해배상책임한계에 관한 심포지엄 자료(2005년 4월 29일)를 참고하기 바란다.

1008호, 회계정책, 회계추정의 변경 및 오류).

〈표 4-1〉은 분식과 오류의 개념상 차이점을 나타낸 것이다.

〈표 4-1〉 분식(粉飾)과 오류(誤謬)의 개념상 차이점

	粉飾	誤謬
▪ 의도성	고의적	의도성이 없음
▪ 달성목표의 유무	있음	없음
▪ 발견의 용이성	발견이 매우 어려움	발견이 비교적 용이함
▪ 분식과 오류의 유형	은폐, 가공, 변경, 과장, 과소	계산착오, 오기, 누락
▪ 분식과 오류의 처리	민 · 형사상의 제재, 재무제표 소급재작성	당기의 손익조정 또는 재무제표 소급재작성

2.1.2 분식회계의 발생원인

분식회계의 폐해는 매우 크고 광범위한데 일반적으로 기업 이미지 하락, 주주들의 막대한 금전적 피해, 채권자들의 채권부실화, 기타 거래 당사자들의 합리적 의사결정을 왜곡, 기업과 임 · 직원들의 생존위기를 초래하여 시장기능을 통한 국가자원의 효율적 배분을 총체적으로 왜곡하는 데까지 영향을 미치게 한다. 이러한 엄청난 폐해에도 불구하고 지금까지 대다수 기업들의 분식회계 관행은 근절되지 않고 있어 그 원인을 규명하고자 하는 연구가 수행되었다. 이근영(2001)은 분식회계의 원인을 제도적 요인, 경제적 요인, 환경적 요인으로 구분하였으며, KDI 경제분석팀(2003)은 기업들의 분식회계에 대한 견제력이 부족한 데서 그 원인을 찾고 이를 회계정보의 수요와 공급측면에서 규명하였다. 이를 요약해서 정리하면 다음의 〈표 4-2〉와 같다.

〈표 4-2〉 분식회계의 발생요인

		분식회계의 구체적인 발생요인
이근영 (2001)	제도적 요인	기업 내부의 회계통제 미비, 외부감사의 비효율성, 감리 등 감독 시스템의 취약한 기반, 분식회계에 대한 관대한 제재
	경제적 요인	한계기업이 자금조달을 통해 생존 연장, 기업주의 부당한 이득, 경영실패 은폐, 성과보수의 확보
	환경적 요인	정치, 경제, 사회의 전반적인 부조리, 신뢰성 있는 회계정보에 대한 사회적 수요가 적음, 세무목적에 종속된 회계관행
KDI (2003)	수요 측면	주주(투자목적)나 금융기관(대출심사), 정부(세수 · 감독 목적)의 질 좋은 회계정보에 대한 수요가 부족
	공급 측면	기업의 내부통제제도 미비, 감사인의 독립성 결여, 수임료 할인 경쟁, 분식회계에 대한 관대한 감독 · 처벌

한편, 기업 경영자들이 분식회계의 유혹에 쉽게 빠져드는 것은 분식을 통해 얻을 수 있는 이익이 일시적이기는 하나 분명한 반면,[4] 분식의 폐해는 먼 장래에 나타나고 피해의 대상에서 자신

4 경영자들은 일반적으로 분식회계를 통해 자본시장에서 원활한 자금의 차입, 자본비용

은 제외될 수도 있다는 막연한 기대감에서 기인하는 것 같다. 또한 회계의 특성상 회계보고서에는 회계담당자의 주관적인 판단이 개입될 여지가 많은데 분식회계는 이러한 상대적 진실성(相對的 眞實性)을 표현하는 회계보고서의 특징을 악용한 결과이며 이로 인해 회계정보는 절대적 진실성(相對的 眞實性)에서 더욱 떨어져 나가게 된다(임종화, 1991).

2.1.3 분식회계의 다양한 기법들

재무제표분식은 일반적으로 금액분식과 계정과목 분류분식이 동시에 이루어지며 금액분식은 자산과대와 부채과소를 통한 재무상태 분식과 수익과대와 비용과소를 통한 경영성과의 분식으로 나누어진다. 계정과목 분류분식은 자산항목을 유동성이 높은 과목으로, 부채항목을 고정성이 높은 과목으로, 수익항목을 영업이익으로, 비용항목을 제조원가 항목으로, 자본항목을 이익잉여금으로 분류분식하는 것이 일반적인 유형이나, 비용을 자산으로, 부채를 수익으로 분류분식하는 경우도 종종 발생하는데 분식

의 절감, 주가상승, 매출확대, 기업 이미지 제고, 경영권 유지 등의 이익을 기대하고 있다.

의 악영향은 이 경우가 더욱 크다고 할 수 있다. 또한 재무제표 분식방법을 형태별로 분류하면 수익의 과대계상, 비용의 과소계상, 각종 충당금과 준비금의 조작, 계속성의 위반, 관계 회사를 활용한 분식 등의 방법이 있다.

재무제표 분식방법 중 가장 흔히 사용되어지는 재고자산 조작을 통한 이익의 과대계상에 대한 간단한 예를 소개하면 다음과 같다.

판매목적의 재고자산을 실제보다 많은 것처럼 과대계상하면 매출원가가 줄어들게 되고 그만큼 이익이 늘어난 것처럼 조작되게 된다. 이 방법은 재고자산 과대계상를 통해 이익을 쉽게 부풀릴 수 있기 때문에 경영성과와 재무상태를 동시에 분식할 수 있다는 특징을 지니고 있다. 또한 감가상각비를 과소계상하여 이익을 과대포장하는 방법은 고정자산의 과대계상 효과를 동시에 가져와 역시 경영성과와 재무상태를 동시에 분식하여 나타낼 수 있다. 부채로 계상할 충당금을 이익잉여금을 배분하는 형식으로 처리하면 부외금융의 효과(off-B/S financing effects)가 나타나 부채가 장부상에 기록되지 않아 기업의 자본구조가 좋은 것처럼 왜곡시키는 효과가 나타나게 된다. 관계회사를 이용한 변칙 · 위장거래를 통해 모회사의 손익을 조작하거나, 정당한 사유 없이 행해진 회계처리 방법의 변경을 통해 이익이 조작된다면 이 또한 재무제표 분식에 해당된다.

2.2 우리나라 분식회계의 실태

금감원, 회계법인, 경영자, 기업 등 회계관련 종사자들도 1997년의 외환위기를 조기에 마감하고 새로운 도약의 시기를 맞이하기 위해 다각도의 노력을 기울여왔다. 그러나 IMF 이후에도 불법적인 분식회계의 사례들이 지속적으로 보도되고 있어 기업들의 분식회계 관행은 쉽게 근절되지는 않고 있는 듯하다(나라경제, 2001). 한보철강이 1990년부터 외환위기가 발생하기까지 7,000억원 상당의 분식회계를 지속적으로 해온 것을 비롯하여 2001년에는 SK글로벌의 분식회계가 국가경제 전체에 엄청난 파장을 몰고 왔다. 뿐만 아니라 109년이라는 最古의 역사를 자랑하는 재벌 두산그룹은 외환위기 이전은 물론이고 이후까지도 변칙적인 회계처리를 감행해온 것으로 나타났다(International Herald Tribune, 2005. 8. 23).

상당수 기업들이 규모의 차이는 있을지라도 여전히 분식회계를 기업경영의 일반화된 관행으로 받아들이고 있는 듯하다. 〈표 4-3〉은 외환위기 이후 국내 주요 기업들의 추정된 분식규모와

분식처리된 회계 기간을 정리한 것이다.[5]

〈표 4-3〉 국내 주요 기업들의 분식회계 추정규모

기업	분식규모	분식처리한 회계연도
삼성쌍용차	3,124억원대 추정	1997년으로 추정
동아건설	7,140억원	1997년
대우계열 12개사	22조 9,000억원	1997년~1998년
기아자동차	3조 148억원	1991년~1997년
아시아자동차	1조 5,588억원	1991년~1997년
SK글로벌	1조 5,587억원	1999년~2001년
현대상선	1조 4,513억원	2000년~2002년
한보철강	6,920억원	1990년~1996년
두산산업개발	2,883억원	1995년~2001년

금융감독원의 국회 보고자료인 "분식회계 조치현황"(한나라당 김정훈 의원에게 제출, 2004년 9월 14일)에 의하면 경제여건이 악화될수록 중소기업, 비상장·비등록 기업의 분식회계가 증가하는 것으로 나타났다. 〈표 4-4〉는 금감원의 국회 보고자료를 기초로 작성한 것인데 2004년 상반기에 경제여건이 불안해지자 분식

5 이 자료는 조성표·권선국(2005), 매일경제(2005. 10. 7-8), International Herald Tribune(2005. 8. 23), 『뒤집어보는 경제회계 부정이야기』(최명수, 2003)에서 발췌·정리한 것이다.

회계 적발 건수와 이와 관련해 내려진 각종 조치 건수가 급격히 증가하고 있음을 보여주고 있다.

〈표 4-4〉 연도별 분식회계 적발 및 각종 관련조치 건수

		2001년	2002년	2003년	2004년 상반기
분식회계 적발 건수		122건 (60개사)	147건 (59개사)	94건 (46개사)	102건 (41개사)
분식회계 관련조치	고발 건수	1건 (4명)	6건 (7명)	6건 (11명)	7건 (11명)
	임원 해임 권고 건수	-	19개사 (27명)	11개사 (21명)	12개사 (15명)
	외부 감사인 지정	31개사	43개사	54개사	43개사

2.3 분식회계 예방을 위한 다양한 방안들

분식회계 예방을 위한 일차적인 책임은 효율적인 내부통제 시스템을 마련하여 질 좋은 회계정보를 생산해야 하는 기업에게 있다. 이를 위해서는 사업보고서에 기업 최고경영층의 인증을 의무화하여 회계정보 생산자의 품질인증제도를 통한 책임소재를

분명히 할 필요가 있다. 회계정보 생산 차원에서 분식을 근원적으로 차단하기 위한 또 다른 방안으로는 분식회계 내부고발자에 대한 철저한 신분보장과 포상금 지급이 필요하다. 왜냐하면 기업 내부 임 · 직원에 의해 의도적으로 행해지는 분식회계를 내부고발자 없이 회계감사를 통해 직접적인 증거를 찾아내는 것은 매우 어렵기 때문이다. 그러나 무엇보다 근본적인 해결책은 기업의 경쟁력은 경영의 근본원칙을 충실히 이행한 결과이며 분식회계가 결국에는 기업 이미지를 하락시키고 시장에서의 퇴출로까지 연결될 수 있다는 최고경영자의 인식전환이다(황호찬, 2001).

분식회계를 예방하는 이차적인 방안으로는 합리적인 외부감사제도를 정착시키는 것이다. 이를 위해 사외이사로 구성된 감사인선임위원회를 두어 회사의 영향력을 최소화하고 회계법인과 피감사회사 간의 유착을 사전에 근절시켜 감사인의 독립성을 보장하자는 것이다. 감사인의 독립성 보장을 더욱 공고히 하기 위해서는 사외이사제, 소유와 경영의 실제적 분리, 외부감사인의 최소계약 기간 보장제도, 회계법인의 피감사회사에 대한 컨설팅 등 독립성을 저해하는 업무를 제한하는 것도 신중히 고려되어야 할 것이다.

분식회계를 예방하기 위한 수요 측면의 역할도 회계정보의 생산자인 기업이나 품질인증기관인 외부감사인 못지않게 중요하다. 투자자들은 합리적인 투자의사결정을 통해 불성실공시나 분식회계를 한 기업들에게 더 이상 자본시장에서 필요한 자금을 조달할 수 없다는 사실을 인식시킬 필요가 있다. 금융기관 등의 채권자들도 객관적이고 공정한 신용분석 모델을 정착시켜 분식회계를 한 기업들에게 추가적인 담보요구, 이자율 차등적용, 대출제한 등의 강력한 수단을 동원하여 분식회계의 유인을 근절시키는 노력이 필요하다. 또한 소비자들이나 소비자보호원 등의 단체에서도 분식회계를 한 기업제품에 대한 불매운동 등을 전개하여 투명하고 신뢰성 있는 회계정보의 생산과 유통이 이루어지도록 측면에서의 지원이 필요하다. 뿐만 아니라 회계정보의 생산과 유통을 감독하는 정부기구에서는 제도적 보완책을 마련하는 데 머무를 것이 아니라 합리적인 규제를 통해 법제도의 실질적인 집행이 가능하도록 지속적인 노력을 해야 할 것이다.[6]

이상에서는 분식회계의 정의, 발생원인, 국내 분식회계 실태 및 예방대책에 대해 개괄적으로 살펴보았다. 이를 통해 인간이

---

6 수주산업을 영위하는 대기업 등의 분식회계 및 부실감사 의혹 등으로 투자자 피해, 국가신인도 훼손 등의 비판이 제기되자 금감원 및 금융위는 분식회계 및 부실감사 행위자뿐만 아니라 감독 또는 감시자로서 직 · 간접적 책임이 있는 회계법인 대표이사와 회사의 감사(감사위원) 등에 대한 실질적 제재를 포함하는 외부감사 및 회계 등에 관한 규정 시행세칙을 마련하여 2016년 2월 개정 이후 발행되는 감사보고서(재무제표)부터 적용하고 있다.

개발한 아무리 정교한 자본주의 경제 시스템이라 하더라도 완전할 수는 없으며, 치명적인 모순과 한계를 지니고 있음도 확인할 수 있었다.[7] 경영자는 주주에게 모든 책임을 위임받은 대리인이며, 인생은 하나님께 생명을 부여받은 하나님의 청지기이다. 기업경영의 대리인인 경영자는 성경적으로 하나님 나라의 청지기인 우리 인생에 해당된다 할 것이다. 따라서 수탁자로서의 경영자와 청지기인 우리 인생을 대리인 이론을 통해 분석할 필요가 있을 것이다. 주주가치를 실현하지 않고 자신의 사익을 위해 역선택을 하는 경영자나 하나님의 영광을 위해 지음받았지만 자신의 목적 성취만을 위해 살아가는 인생은 모두 위치를 이탈한 아담이며 하나님이 주신 고귀한 인격을 상실한 존재들이다.

이하에서는 주인의 재산을 자기 임의로 사용하고 이중 장부를 작성한 누가복음 16장의 불의한 청지기 비유를 통해 참된 청지기의 역할과 사명에 대한 성경적 입장을 조명해 보고자 한다.

---

7 자본주의의 본질과 그 한계점에 대한 자세한 내용은 『자본주의』(EBS 자본주의 제작팀, 2013)를 참고하기 바란다.

3. 불의한 청지기의 비유에 나타난 하나님 나라

3.1 분식회계를 한 불의한 경영자인 청지기

성경은 주인의 재산을 관리하는 청지기로서의 우리 인생의 역할에 대해서 여러 곳에서 언급하고 있다.[8] 오늘날의 주식회사 경영형태로 보자면 주인은 기업의 실질적인 주인인 주주이며 주인의 재산을 관리하는 청지기는 주주로부터 경영을 위임받고 보고책임 내지는 회계책임(accountability)을 완수해야 하는 전문경영인이다. 누가복음 16장에서는 주인(principal)의 재산을 허비했을 뿐만 아니라, 이를 책망하는 주인의 말을 듣고 반성하여 돌이키기보다는 오히려 불확실한 자신의 미래를 예비하기 위해 주인의 재산을 장부상에 실제보다 적게 기록한 불의한 청지기(agent)에 대한 비유가 자세히 나타나 있다.

분식회계는 사실을 은폐하고 왜곡하여 수많은 정보이용자들의 합리적 의사결정을 가로막는 불법행위이다. 이러한 거짓과 속임수를 하나님께서는 미워하신다는 것이 구약의 여러 곳에서 명백하게 나타나 있다.

---

8 마태복음 20장, 누가복음 12장과 16장, 디도서 1장 7절, 베드로전서 4장 10절 말씀 참조.

네 이웃에 대하여 거짓 증거하지 말지니라(신명기 5장 20절, 출애굽기 20장 16절)
여호와께서는 피 흘리기를 즐기는 자와 속이는 자를 싫어하시나이다(시편 5장 6절)
거짓 입술은 여호와께 미움을 받아도 진실하게 행하는 자는 그의 기뻐하심을 받느니라. (잠언 12장 22절)

분식은 사실을 의도적으로 왜곡시켜 겉만 아름답게 또는 훌륭하게 보이는 행위인데 예수님은 당시 지고의 경건한 삶을 추구했던 바리새인(Pharisee)[9]들을 향해 겉은 깨끗이 하고 사람들에게 아름답고 옳게 보이려 하지만 속은 더러운 것이 가득한 외식(外飾)하는 자라고 책망하셨다(마태복음 23장 25절~28절, 누가복음 18장 9절~14절).

---

9 예수님 당시에 바리새인들은 친(親) 로마 정책을 지지했으며 회당과 학교를 장악하고 있었다. 특히 이들은 서기관들의 전승을 존중했으며 하나님을 모독하는 것과 간음에 대해서는 사형을 집행할 정도로 엄격하였다. 사두개인들이 변화를 무시한 반면 바리새인들은 율법을 실제적으로 해석하여 새로운 환경에 적용하려 하였다. 예수님은 바리새인들이 자신들의 전승을 중요시한 나머지 하나님의 계명을 왜곡시키고(막 7 : 1－13) 안식일의 본질을 상실하고 형식에만 매달리고 있음을 지적하셨다(마 12 : 1－12). 또한 바리새인들은 대중들로부터 존경은 받고 있지만 말만 하고 행치 않는 자(마 23 : 1－12)이며 자기의 옳음으로 인해 남을 멸시하고(눅 18 : 9－14) 하나님을 사랑하는 마음은 없는 자들(눅 7 : 36－50)로 보셨다.

3.2 불의한 청지기를 칭찬하신 주인(예수)의 시각에 비친 하나님 나라

그런데 본 연구에서 깊이 다루고 싶은 내용은 누가복음 16장 8절에서 불의한 청지기에 대한 주인의 태도가 분식회계를 옹호하는 듯한 인상을 주고 있다는 점이다.[10] 주인의 재산을 낭비하였을 뿐만 아니라 이 일로 인해 청지기 업무를 더 이상 수행할 수 없는 장래의 위험에 대비하기 위해 장부조작이라는 분식을 감행한 청지기가 일을 지혜롭게 처리했다고 말씀하시는 주인(예수)의 시각을 이해할 필요가 있다.

불의한 청지기의 행동을 보고 이를 칭찬한 주인이 과연 분식회계 자체를 옹호했다는 주장은 성경의 전체적인 맥락에서 보더라도 설득력을 갖기는 어렵다. 누가복음 16장 9절에서 12절의 말씀을 통해 보면 믿는 이들의 궁극적 소망인 영원한 처소로 들어가는 일에 비하면 지극히 일상적이고 사소한 작은 일이라 하더라도 이것을 소홀히 여기고 무시한다면 하나님 나라에 합당치 않다는 것을 알 수 있다. 또한 15절~17절에서는 하나님 나라의 복음이 전파되어 그의 나라가 이루어지는 곳이라 해서 율법이 무시되

---

10 주인이 이 옳지 않은 청지기가 일을 지혜있게 하였으므로 칭찬하였으니(눅 16장 8절)

거나 미완성인 채로 있을 수는 없다고 말씀하신다(마 5 : 17-20 참조). 오히려 하나님 나라는 율법이 완성된 나라라는 것이다(장종현, 2011). 그렇다면 예수는 불의한 청지기의 비유를 마치신 이후에 왜 이러한 말씀(9절에서 16절까지의 말씀)을 하신 것일까?

그것은 철저한 율법주의자인 바리새인들의 시험을 염두해 두었기 때문이다. 예수님에게 비친 바리새인들은 일반 대중들로부터 존경은 받고 있지만 말만 하고 행치 않는 자(마 23 : 3)이며 자기의 옳음으로 인해 남을 멸시하고(눅 18 : 9-14) 하나님을 사랑하는 마음은 없는 자들(눅 7 : 36-50)이었다. 또한, 바리새인들은 예수의 권세 있는 말씀과 수많은 이적을 보면서도(마 7 : 28-29) 자신들의 전통과 유전에만 집착하여 참 생명이신 예수를 거부하였다. 그들은 예수가 먹기를 탐하고 포도주를 즐기는 자이며 죄인과 세리의 친구라고 비난하였다(눅 7 : 34, 눅 15 : 1-2). 그렇다면 14절 말씀에서 바리새인들이 예수의 말씀을 듣고 비웃은 이유도 명백해진다.

죄인, 세리, 창기들은 평소 누구보다도 열심히 하나님을 섬기고 있다고 자처하던 바리새인의 상식과 관념으로는 받아들이기에 너무도 비천하고 보잘 것 없는 존재들이었다. 그러나 예수는 이들과 같이 먹고 마시며 친구가 되어 자신의 삶과 생명의 말씀을 나누어 주고 있었다.

이와 같이 연약하고 가난한 자들과 함께 하시며 사랑과 긍휼을 베푸신 예수의 삶은 당시 종교적 기득권을 가진 바리새인들의 자의적이고 권위적인 선기준(善基準)으로 보았을 때는 받아들일 수가 없는 천하고 비웃음거리에 불과한 것이었다.

한편, 바리새인들 중 일부는 예수를 자신들의 집으로 청하여 음식을 먹고 말씀을 듣기를 원하는 자들도 있었지만 손을 씻지 않는 지극히 표면적인 문제로 생명의 주를 이상하게 여겼을 뿐 아니라(눅 11 : 37-38), 죄인된 한 여인이 예수를 깊이 사랑하는 마음은 더욱 이해하지를 못하였다(눅 7 : 36-50). 예수님을 믿고 따르는 무리들이 많아지자 바리새인들은 예수를 시험에 빠뜨리기 위한 올무를 놓았고(눅 10 : 25-37, 마 22 : 15-22) 예수의 능력이 귀신으로 말미암았다고 비난하기도 하였다(마 12 : 24). 예수는 안식일의 참 주인으로 오셔서 많은 병자들을 안식일에 고치시거나(눅 6장, 눅 13 : 10-13, 눅 14장, 요 9장) 안식일에 밀밭 사이로 지나시며 이삭을 먹으심으로 인해(마 12장) 바리새인들 간에 논쟁을 불러일으켰으며, 결국 이 문제들은 예수를 죽이려는 이들에게 결정적 단서가 되고 만 것이다.

누가복음 16장 12절에서 14절을 통해 다시 문제의 핵심을 논의해 보면, 예수의 눈에 비친 바리새인들은 돈(세상)과 하나님이라는 두 주인을 섬기는 자들인 것이다. 즉, 이들은 표면적으로 하나님을 잘 섬김으로써 사람들에게 존경과 옳다함을 받는 자들이지만 속으로는 돈을 사랑하고 온갖 탐욕과 더러운 것이 가득한 외식(外飾)하는 자들이라는 것이다. 오히려 천국의 복음이신 예수 자신과 그의 확대된 나라인 하나님 나라는 바리새인들이 스스로를 높이고 인정받기 위해 만들어놓았던 높은 율법적 기준 때문에 무시당해야만 했던 마음이 가난한 자들에게 전파되었고(마 5 : 3) 이들이야말로 오직 한 주인밖에 없는 충성스럽고 지혜로운 청지기였던 것이다.

4. 결론 : 주님이 원하시는 진정한 청지기는 누구인가?

표면적으로 보면 분식회계를 행한 불의한 청지기를 지혜롭다고 한 주인의 의도를 파악하기는 어렵다. 경제적 · 윤리적 관점에서는 자신의 사익을 위한 이중장부를 작성하지 않고 주인의 재산을 성실히 관리하는 경영자가 당연히 선한 청지기이다. 그러나 누가복음 16장이 외식하는 바리새인들을 염두해 두고 하신 비유라는 것을 알면, 이 말씀을 통해 주님이 제시하고자 했던 것이 무엇인가는 분명해진다. 보편적 경제윤리는 율법적 기준이 가장 높았던 바리새인들이 누구보다도 강조하고 철저하게 교육하였을 것이다. 그러나 정작 율법과 의식을 강조했던 그들 자신은 주님을 사랑하지 않고 돈을 사랑하는 자요 외식하는 자요 말만 하는 자들이었다. 즉, 돈을 사랑하고 외식을 하는 자라도 충분히 윤리적인 경제관을 펼치거나 강조하고 가르치는 자가 될 수 있다는 말이 된다.

그렇다면 누가 지혜로운 청지기인가? 분식회계를 하여 수많은 이해관계자들을 경제적 어려움에 빠뜨리더라도 영원한 처소를 예비하는 자가 되면 주님이 바라시는 선한 청지기인가? 지극히 작은 현실적인 문제들, 사소한 경제적인 문제들에 대해서 충성스럽지 못한 자들이 오히려 하나님 나라의 선한 청지기가 된다는 것은 성경 전체적인 관점에서 받아들여지지는 않는다. 그러므로 불의한 청지기는 주인의 마음을 모르고 자신의 옳음을 관철하며 살아가는 외식하는 자들, 주인의 것을 낭비하여 자기만족을 취하는 사람들, 주인을 무시한 채 자기가 인생의 주인이 되어 살아가는 사람들(이방인들), 지극히 작은 것에 충성치 않는 자들(현실적인 삶에서 모순에 빠진 자들)인 것이다.

여기서 우리는 인생을 스스로 경영할 자격이 있는 자들인지 아니면 인생의 참주인(principal)이 있는 청지기(agent)인지를 명확히 인식할 필요가 있다. 주인이 있는 인생이 아무리 사소한 것이라도 자기 만족과 자기 필요를 위해 주인의 소유를 사용했다면, 비록 그 과정에서 아무리 경제적인 선택을 했더라도 충성스러운 청지기가 아님은 당연하다. 그렇다면 자기만족이 아닌 사회적 필요를 채우기 위해 주인의 물질과 인생을 사용한 경우는 어떻게 평가받을 수 있을까? 물론 이와 같이 사회적 정의를 위해 일하는 사람들은 그 사회 내에서 존경을 받게 될 것이다. 그러나 자기가 인생의 주체가 되어 행하는 모든 것은 주인의 일과는 아무런 상관이 없는 자기 일이고 자기를 높이는 일, 즉 자기 의가 되는 것이다. 이 사람 역시 주인의 입장에서 보면 참된 청지기는 아닌 것이다. 그렇다면 과연 어떤 사람이 주인의 마음에 합한 지혜롭고 선한 청지기가 될 것인가? 성경에서는 주인을 간절히 찾고 주인의 이름으로 선지자 노릇도 하고 권능도 행하며 귀신을 쫓아낸 자들조차도 주인이 도무지 알지 못하는 불법자라고 책망하는 말씀이 나온다. 즉, 표면적으로는 주님을 위해 한 선하고 놀라운 일이라도 실제적으로는 자신이 주체가 되어 자기만족을 위해 한 일이라면 주인의 필요와는 아무 관계가 없는 불법 그 자체라는 말씀이다(마 7 : 16-29). 요약하자면 주인이 필요로 하는 일, 즉 주인이 원하는 일, 주인이 하라고 하는 일만을 하는 사람이 참된 청지기인 것이다. 즉, 자기 일이 없는 사람, 자기 목적이 없는 사람, 자기 옳음을 관철하기 위해 일하지 않는 사람, 주인의 목적과 필요만 있는 사람이 주인이 인정하는 지혜롭고 선한 종이요 청지기인 것이다.

본문에 나오는 불의한 청지기는 무엇을 기대하고 분식회계를 감행하였는지를 다시 생각해 보자. 자신의 경제적 이익인가 아니면 영원한 처소인가? 그는 영원한 처소를 중하게 여긴 사람이다. 주님이 이 불의한 청지기의 비유를 통해 실제적으로 말하고 싶었던 내용은 자신의 노력과 의로운 행위를 통해 영원한 나라에 이르려는 자들과 자신의 선과 의로움은 이미 바닥이 난 상태여서 주님의 의와 구원의 손길이 아니면 하나님 나라의 소망을 가질 수조차 없는 사람들(불의한 청지기, 세리, 창기, 죄인 등)을 대비하고자 하셨던 것이다. 분식회계를 한 청지기는 주식회사의 외부감사에 관한 법률(외감법) 등의 법률에 의한다면 죄인에 해당할 것이다. 많은 사람들은 실정법 위반에 대해서는 목소리를 높이지만 하나님 나라의 헌법을 위반한 인생도용죄에 대해서는 민감하지 못한 것 같다. 우리 모두는 하나님이 자신의 목적과 경륜을 위해 창조한 인생을 자신의 목적과 용도로 전환시켜 도용한 중죄인들이다(창 3장). 다시 말하면 하나님의 소유인 인생을 자신의 것으로 바꾸고 불법적인 M&A(Merger & Acquisition, 인수합병)를 감행한 자들인 것이다.

성경적 관점으로 청지기의 판단기준이 달라지게 된다면 누가복음 16장에서 주인이 불의한 청지기를 지혜롭다고 한 진정한 의미도 살아나게 될 것이다. 따라서 인생의 주인이신 하나님은 인생을 자기 것으로 취해버린 불의한 자일지라도 그 용도가 전환이 되어 하나님의 목적에 쓰여지기만 한다면 지혜로운 청지기로 여기시는 마음이 너무도 가난한 분이시다. 자신을 위하는 인생으로 살면서 사회정의나 경제정의를 부르짖는 것이 얼마나 하나님이 가증스러워 하는가를 우리는 분명히 알 필요가 있는 것이다. 이것이야말로 인생 자체의 분식회계가 아니고 무엇이겠는가! 따라서 외식하는 바리새인들이야말로 인생경영에 있어 일상적으로 분식을 행하는 자인 것이다.

사회정의는 하나님의 뜻이고 따라서 사회정의를 실현하는 것이 하나님이 원하시는 일이므로 그 분이 원하시는 사회정의를 실현하는 것이 하나님의 뜻이라는 논리는 어떠한 모순과 억측을 가지고 있는가?[11] 이러한 논리전개는 하나님을 사회정의의 하나님으로 제한시키는 결과를 초래한다. 자기 눈에 보기에 사회정의가 옳게 보여지고 그 사회정의를 위해서 살고 싶은 마음을 하나님의 뜻으로 도용하고 있는 것은 아닐까?(잠 16 : 2-4, 눅 16 : 15) 내가 만들어낸 변형된 사회 · 경제정의가로서의 예수가 아닌 있는 그대로의 내 생명의 주인으로서의 그 분을 만나는 것이 가장 우선되어야 할 문제이다(마가복음 14장을 보라).

주님이 찾으시는 선한 청지기는 과연 어떤 사람인가? 인생이 자신의 것이 아님을 알고 주님께 내어드리는 자들이다. 보다 엄밀하게 표현하자면 주님께 보고할 아무런 자랑거리나 공적이 없어 아무도 판단할 자격이 없는 마음이 가난한 자들인 것이다. 인생의 용도가 전환된 자들만이 주인의 이익을 위하는 진정한 청지기로서의 일상적인 삶을 살아가게 될 것은 너무도 자명하다. 진정한 청지기는 자기 자랑이 없어 남을 판단하지 못하고 은혜로 구원받은 사실에 감사하며 그 은혜를 갚는 기회가 주어진 사실만

---

11 마스다 다카유키, 이상술 옮김(2006), 『한눈에 보는 세계분쟁지도』, 해나무, 5-7.

도 축복으로 여기는 자들이다. 이들은 자신들이 어떠한 상태에서 구원받았으며 그 구원의 손길이 없었다면 지금도 여전히 사망의 음침한 골짜기를 헤매는 자에 불과하다는 것이 확실히 심비에 새겨진 자들인 것이다(신 5 : 6, 창 45 : 7). 자신을 사망에서 구원한 선한 주인의 마음이 무엇인가를 아는 사람, 인생을 지은 이의 인생을 향한 마음이 어떠한지를 아는 사람, 자신의 왕국에서 왕 노릇하시기 위해 그의 백성을 부르시는 풍성하시지만 마음이 가난한 주인이신 창조주의 본심(本心)을 아는 사람, 이런 사람이 하나님의 곡간에서 모든 좋은 것으로 가난하고 굶주린 자들에게 때에 따라 필요한 것을 주인의 마음으로 나누어 주는 자일 것이다(마 24 : 45). 그리고 이들은 외식하는 자들이 아닌 자신의 주제가 무엇인지를 분명히 인식하고 있는 자들인 것이다. 이들은 자기 자랑이라고는 찾을래야 찾을 수가 없어 주인만을 사랑하고 주님 자신만이 자신의 자랑거리가 되어 있는 자들일 것이다(빌 3 : 8, 행 : 4 : 12).[12]

---

12 본문에 나오는 불의한 청지기는 주인의 재산을 탕진하고 이를 감추기 위해 장부를 조작하고 사람들과 모의를 감행하고 있다. 이를 통해 이 불의한 청지기는 주인 앞에 어떠한 변명도 할 수 없는 자로 드러나고 만다. 이렇게 자기 의가 바닥이 나서 주인의 은혜만을 기다릴 수밖에 없는 자, 마음이 지극히 가난해진 자가 주님이 보시기에 합당한 자인 것이다. 결국 하나님 앞에 어떠한 자기 자랑이나 자기 의도를 내세울 수 없는 자가 의롭다 함을 받게 되는 것이니, 이것이 복음의 진수라 할 것이다.

인생은 자기 것이 없는 피조물이다. 즉, 흙으로 와서 흙으로 가야만 하는 것이 인생인 것이다(창 3 : 19). 자기 것이 없는 존재가 원래 인생의 위치이고 자리이다. 이 자리를 떠나 자기의 것이 생긴 것이 타락이고 인생의 분식인 것이다. 인생의 분식에서 기업의 분식이 생겨난다. 즉, 분식인생이 경영자가 되면 분식경영을 하게 되고 분식회계를 하게 된다는 말이다. 따라서 분식회계의 진원지는 인생의 분식인 것이다.

그러므로 분식된 인생이 십자가의 예수를 통해 거듭나 지혜로운 청지기의 위치를 회복하지 않는 한 분식경영과 분식회계는 자본주의 제도의 허점을 통해 사라지지 않고 인류 역사가 존재하는 한 계속될 것이다. 인생 본래의 자리를 회복한 자는 지혜로운 청지기의 본임을 다할 수 있을 것이나 이 자리를 떠나서는 인생의 분식은 더해만 갈 것이고 아무런 인생의 열매도 거둘 것이 없을 것이다(요 15 : 1-15).[13] 인생은 지혜로운 청지기로 부름받고 있다. 오늘도 주님은 이 청지기의 운명 안으로 우리 인생을 부르

---

13 (1) 대한민국 최대 재벌 기업인 삼성의 창립자이며 초대 회장인 고 이병철 회장은 타계하기 직전 인생의 의미와 본질에 관해 고뇌에 찬 질문들을 남겼다. 그의 사후에 차동엽 신부가 이 질문들에 대한 나름의 해답을 제시한 것이 "내 가슴을 다시 뛰게 할 잊혀진 질문(2012)"이라는 책자로 발간되었다.

(2) 유튜브(YouTube) 자료 : 스티브 잡스의 마지막 유언(Steve Jobs last speech before death) 참고 바랍니다(게시일 2016. 6. 23).

시고 있는 것이다.

참고문헌

감사기준서 240. 재무제표감사에서의 부정에 관한 감사인의 책임, 11 (a), 2013년 연차개선.

고종권 · 전규안(2005, 4), "감사인의 손해배상책임제한제도에 관한 연구", 한국회계학회 심포지엄 발표논문, 서울대학교, 1-71.

금융감독원 국회보고자료(2004. 9), "분식회계 조치현황".

마스다 다카유키, 이상술 옮김(2006), 『한눈에 보는 세계분쟁지도』, 해나무, 5-7.

『매일경제』, 서울, 2005. 10, 7-8.

유튜브(YouTube) 자료, 스티브 잡스의 마지막 유언(Steve Jobs last speech before death), 게시일 2016. 6. 23.

이근영(2001), "기업경영의 투명성 제고를 위한 정책방향 : 분식회계 근절대책을 중심으로", 한국상장회사협의회 강연.

EBS 〈자본주의〉 제작팀 · 정지은 · 고희정(2013), 『자본주의』, 가나출판사.

임종화(1991), 『재무제표분식 어떻게 발견하나』, 기린원.

장종현(2011), 『웨스트민스터 신앙고백서 강해』, 기독교연합신문사.

조성표 · 권선국(2005, 11), "사례를 통한 분식회계 예방교육", 기독학문학회 발표논문집, 기독학술교육동역회, 21-24.

차동엽(2012), 『내 가슴을 다시 뛰게 할 잊혀진 질문』, 명진출판.

최명수(2003), 『뒤집어보는 경제회계 부정이야기』, 서울 : 굿인포메이션.

한국개발연구원(KDI), 『나라경제』 경제정책해설(2001, 5), 99-101.

한국개발연구원(KDI) 경제분석팀(2003, 10), “분식회계, 무엇이 문제이며 왜 발생하나”, 4-54.

한국채택국제회계기준 제1008호, 회계정책, 회계추정의 변경 및 오류(회계기준위원회 의결 2011. 11. 18).

황호찬(2001), 『돈, 그 유혹으로부터의 자유』, 서울 : 태학사.

International Herald Tribune, 23 August 2005.

The Bible(개역개정 4판).

1. 들어가는 글

2. 증권 관련 집단소송제의 도입배경

3. 집단소송제의 문제점과 다양한 보완제도

4. CPA의 직업적 특성과 직업인격 회복방안

5. 결론 : 성경적 인간관을 통한 실질적 직업인격 회복

제5장

공인회계사의 직업인격 회복방안

5장 “공인회계사의 직업인격 회복방안”은 신앙과 학문 제10권 제2호(2005. 12)에 게재된 논문을 기초로 재구성하였습니다.

1. 들어가는 글

참여정부(2003년~2008년)의 출범 이후 사회경제적 불균형을 해소하고 분배의 정의를 실현하기 위한 각종 정책들이 봇물처럼 쏟아져 나오고 있다. 이 과정에서 기존의 기득권 세력과 새로운 개혁을 시도하고자 하는 집단 간에 사회적 갈등이 증폭되고 있는 것 같다. 이러한 현상은 사회전반으로 급속히 확산되어 가고 있으며 그간 고도의 지적 기술을 통해 높은 직업적 진입장벽을 형성해 온 공인회계사 업계에서도 예외는 아니다. 최근 부실감사를 한 회계법인과 공인회계사에 대한 민형사상의 법적규제[1]가 이루어지고 있어 일반대중으로부터의 높은 신뢰를 특징으로 하는 회계 전문직의 위상에 큰 손상이 되고 있다.

2003년 12월 17일 국회의 의결을 거쳐 2005년 1월 1일부터 시행되고 있는 증권 관련 집단소송법은 유가증권의 매매와 그 밖의 거래과정에서 대기업의 분식회계, 공인회계사의 부실감사, 허위공시, 주가조작, 내부자 거래 등과 같은 불법행위로 인해 다수의 소액증권투자자들이 손해를 입은 경우에 그 피해자 중의 1인

1 주식회사의 외부감사에 관한 법률(외감법) 제20조 제2항에서는 감사인이 감사보고서에 허위의 기재를 한 경우에는 아무리 사소한 사항에 대한 것이라도 처벌할 수 있다는 초강도의 규정을 두고 있다.

또는 수인이 대표당사자가 되어 손해배상청구소송을 제기하고 그 판결의 효력이 다수 증권투자자 전원에게 미치도록 하는 민사소송법에 대한 특별소송절차법이다(김홍규, 2004).

증권 관련 집단소송의 대상에 감사인을 포함하는 것은 책임보험 등으로 보상에 대한 실제적인 변제능력이 있는 감사인에게 기업경영에 따른 회사의 책임까지 부과하는 결과가 되어 집단소송을 당한 감사인이나 회계법인의 존폐에도 영향을 미칠 것으로 보여진다(고종권 · 전규안, 2005).

증권 관련 집단소송제는 외부감사인을 시장에서 퇴출시킬 정도의 과잉규제라는 반대에도 불구하고 결국 도입이 되었는데, 이는 자본시장 참여자 중에서 상대적 약자인 소액투자자들의 권익을 보호하고 자본시장을 합리적으로 유지함으로써 얻을 수 있는 사회 전체적 효익이 더 크다는 판단에 기인한 것이다(곽관훈, 2005).

하지만 외부감사인에 대한 지나치게 엄격한 손해배상 책임의 부여는 오히려 감사인의 전문가책임을 약화시키고, 전승된 자신들만의 고유한 직업적 정체성마저 해체시킬 수 있다는 문제점을 지니고 있다는 주장도 제기되고 있다(이상돈, 2004). 즉, 외부감사인이나 회계법인은 과중한 손해배상 책임을 회피하고 직업적 존립을 위해 책임위험이 큰 감사업무보다는 위험이 상대적으로 적은 기장대리, 경영 컨설팅 등의 업무를 수행하고 감사업무를 수행하더라도 자신들에게 유리한 기업을 선별하거나 향후 소송에서 불리한 위치에 처하지 않기 위해 보수적인 감사의견을 제시할 수도 있는 것이다.

이로 인해 공인회계사들은 자신들의 고유한 지식과 경험을 적극적으로 활용하여 기업가치를 적절히 평가하지 못함으로써 사회의 제한된 경제적 자원을 효율적으로 배분하는 고유한 기능마저 상실하게 된다는 것이다. 뿐만 아니라, 증권거래와 관련하여 합리적인 투자자로서의 정당한 주의의무를 다하지 못해 발생한 피해에 대해서도 변제력을 지닌 회계법인이나 감사인을 표적으로 소액다수 투자자들이 집단소송을 제기할 여지를 주고 있어 남소의 폐해가 우려되고 있다.

결국 국가적으로는 사회적 비용의 증가를 초래하게 되고 공인회계사 개인적으로는 감사업무를 통해 자본시장의 효율화에 기여한다는 엘리트로서 노블리스 오블리제의 직업의식을 상실하게 될 것이라는 우려도 나오고 있다. 이에 정부와 이해관계자 집단에서는 증권 관련 집단소송법이 지닌 문제점을 보완하기 위해 다양한 법적 · 경제적 · 제도적 보완책들을 속속 마련하고 있다. 본 장에서는 먼저 증권 관련 집단소송제의 도입배경과 다양한 보완제도 및 그 한계점에 대해 소개하고 집단소송제의 표적이 되고 있는 공인회계사의 직업적 정체성 회복을 위한 기독교적 대안을 제시하고자 한다.

2. 증권 관련 집단소송제의 도입배경

2.1 회계부정 예방과 기업투명성 제고

증권 관련 집단소송제의 시행과 관련해서 많은 반대와 논의가 있었지만 허위 · 과장 · 부실공시를 사전에 방지하고 기업의 투명성을 제고시킴으로써 자본시장의 효율적 운영을 가능케 하고 공인회계사의 부실감사보고서를 신뢰하고 투자한 소액투자자, 채권자의 금전적 손해를 보상하기 위해 결국에는 도입이 되었다.

이철송(1999)은 증권거래와 관련된 손해배상은 일반적인 여타의 손해배상과 다음과 같은 세 가지 측면에서 차별화가 되므로 민법에 없는 특칙(예 : 집단소송제의 도입, 피고의 입증책임, 연대책임 등)을 통해 그 손해를 보전하려고 한 것으로 보고 있다. 첫째, 증권 관련 손해배상은 가해자는 소수의 발행회사이거나 외부감사인인 데 반해 피해자는 수많은 일반투자자이다. 둘째, 증권 관련 손해배상은 외부감사인과 피감사회사의 관계처럼 직접적인 계약관계가 없어 투자자들이 직접적인 인과관계나 과실의 입증이 어렵다. 셋째, 증권 관련 전체 손해배상액은 거액이나 피해자인 개인투자자의 손해액은 매우 미미하여 개인적으로 소송을 제기할 실익이 없다.

그런데 증권 관련 손해배상제도에 집단소송제와 같은 특칙을 둔 것은 자본시장의 참여자들 중 상대적 약자인 투자자의 피해를 보상한다는 측면(보상기능)보다는 기업의 회계부정, 기업과 공인회계사 간의 암묵적 합의를 통한 부실감사의 오랜 연결고리를 끊고자 하는 현실적인 대안(억지기능)이었다고 보여진다. 실제로 증권거래에 의한 손해금액의 산정은 매우 난해할 뿐만 아니라 손해배상 청구권자를 유가증권의 취득자로만 한정하고 있어 다양한 특칙이 시행되고 있음에도 피해자들에게 충분한 금전적인 보상이 이루어지기는 어려워 보인다.

이형기(1999)는 미국 증권법상 민사책임규정도 보상기능보다는 억지기능에 초점이 맞추어 구성되어 있다고 보고하고 있다.[2] 한편, 집단소송제의 도입은 회계법인에게 과도한 책임을 지우는 출발점이 되어 이를 기피하기 위한 회계법인의 경제적 선택(개인사무소로 전환, 중소규모 회계법인의 난립, 보수적 감사의견, 부실기업 감사회피 등)이 오히려 회계법인의 부실화를 초래하고 기업가치의 적절한 평가를 저해한다는 주장도 제기되고 있는데 이에 대해서

---

2 불법행위법의 사회경제적 기능을 보상과 억지라는 양 측면으로 파악하는 이론을 보상억지이론이라 한다. 법경제학자들은 주로 억지기능을 중시하고 있는데 이들은 사고를 예방하기 위해서는 규제와 더불어 불법행위법을 이용할 수 있다는 기본적인 입장을 취하고 있다(박세일, 2004)

는 3절에서 자세히 살펴보기로 한다.

2.2 소송경제의 달성

증권 관련 집단소송제는 막대한 인력과 전문지식을 동원해서 장기적인 분석과 수익창출 모델을 토대로 기업적인 투자활동을 하는 기관투자가나 외국의 전문적인 투자자 또는 고액투자자의 피해를 보상하기 위한 제도는 아니다. 이 제도는 유가증권 발행회사가 공시한 허위의 사업설명서나 부실감사보고서를 신뢰하여 투자함으로써 금전적인 손실을 입게 되었으나 손실금액의 액수가 소송을 제기하기에는 너무나 적어 소송경제의 측면에서 실익이 없는 수많은 소액투자자를 보호하기 위한 것이다.

증권거래는 증권발행기업과 매수인 간의 일대일 매도매수계약에 의해 이루어질 뿐만 아니라 거래 당사자 간의 손해배상소송도 수많은 투자자와 발행기업 또는 외부감사인(회계법인) 간의 일대일 형태로 나타나게 되는데 이는 소액증권투자자나 법원 모두에게 소송의 비용은 과중하나 이를 통해 얻게 되는 효익은 미미하여 사회적 비용을 가중시키는 결과를 초래한다. 따라서 집단소송제도는 소송의 경제성이라는 관점에서 도입의 타당성을 지닌다고 할 수 있다. 반면에, 소송경제가 확보된 소액투자자 집단이 공인회계사나 회계법인 등과 같이 변제력을 가진 자를 대상으로 무분별한 소송을 남발할 가능성도 제기되고 있는데 이에 대해서는 후술하고자 한다.

2.3 세계은행(IBRD)의 요구를 수용

1997년 말 우리 정부는 외환위기를 극복하기 위해 세계은행(IBRD)과 국제통화기금(IMF)에 차관을 요청하였는데 세계은행은 차관을 제공하는 조건으로 기업지배구조개선과 기업의 투명성 확보를 요구하였고 이를 시행하기 위한 구체적인 방안으로 증권 관련 집단소송제, 사외이사제도, 지주회사의 허가, 감사위원회 및 정리해고제의 도입과 근로자파견제의 전면적인 허용 등을 요구해 왔다. 자본주의의 발달이 상대적으로 느린 우리나라에서 증권 관련 집단소송제를 비롯한 회계·금융 등의 분야에서 선진적인 기법과 제도를 도입하게 된 것은 바람직한 일이나 이것이 우리 정부나 기업에 의해 주도적으로 시행되지 못하고 외국자본의 압력에 밀려 시행하게 됨으로써 많은 사회적·집단 간 갈등을 초래하게 된 것은 심히 안타까운 현실이다.

3. 집단소송제의 문제점과 다양한 보완제도

3.1 증권 관련 집단소송제의 문제점

3.1.1 남소현상과 기업이미지 하락

집단소송제의 도입은 그간 소송경제의 측면에서 발행기업이나 회계법인에 비해 상대적인 약자로 있던 소액투자자들에게 소송상대방과 대등한 지위를 갖게 함으로써 소송의 제기가 보다 용이해지게 되었으나 이를 남용하거나 악의적인 의도로 사용할 경우 남소로 인해 법원에게는 과도한 업무부담을 가져다 주게 된다.[3] 한편, 증권 관련 집단소송법은 무분별한 소송의 제기를 사전에 차단하기 위한 다양한 규정들이 있기 때문에 남소문제는 우려할 만한 일이 아니라는 주장도 있지만, 미국의 실제경험에 의하면

---

3 이준섭(2004)은 남소의 다양한 원인을 다음과 같은 세 가지로 규정하였다. 첫째, 손해배상 책임체계에 있어 필수적인 인과관계의 요청과 관련한 근거규정이 미비한 상태에서는 투자자들의 무분별한 남소를 부르는 원인이 될 수 있다. 둘째, 증권거래법상의 배상책임규정 중에는 불합리한 연대책임규정으로 인하여 과도한 책임을 부담하는 자가 발생하게 되는데 이 경우 그 연대배상책임자 중 한 사람이라도 걸려들기를 기대한다면 역시 남소 야기원인으로 작용될 수 있다. 셋째, 현행 집단소송대상이 되는 책임규정에서 입증책임 분배에 관한 명문의 규정을 흠결하는 경우가 많아 책임인정 여부의 판단에 혼란을 야기하고 역시 소송을 부추기는 요인이 될 수 있다.

집단소송을 제기하려는 움직임 또는 그 제기 사실만으로도 해당 기업이나 회계법인에게 대외 이미지 하락이라는 치명적인 타격을 입히게 된다(이준섭, 2004).

3.1.2 회계감사 및 회계법인의 부실화

집단소송제의 도입과 공인회계사에 대한 연대책임 및 입증책임과 같은 과중한 책임의 부여는 경험과 명성이 있는 회계법인이 부실위험이 있는 기업에 대한 감사를 기피하거나 보수적인 감사의견을 양산하고 이로 인해 기업들은 상대적으로 감사품질이 낮은 회계법인을 상대로 의견구매활동을 하게 되어 감사품질이 저하할 수도 있다. 또한 외국법인들에 비해 손해배상 책임이 큰 국내 회계법인들을 상대로 집단소송의 경험이 많은 미국 법무법인을 활용하여 외국투자자들이 무차별적 소송을 제기할 가능성이 높아지게 되어 이를 극복하기 위한 경제적 의사결정—개인사무소나 중소규모 회계법인으로 전환, 기장대리나 경영컨설팅 업무로 전환 등—을 할 경우 국내 감사시장이 외국계 대형 회계법인에 의해 잠식당하게 되어 회계법인이 총체적으로 부실화될 가능성도 있다.

영국의 경우에도 대형 회계법인들이 과중한 배상책임을 회피하기 위해 유한책임회사로 조직형태를 변경하였으며, 적절한 수준에서의 책임제한이 이루어지지 않을 경우 감사시장의 실패에 의한 자본시장의 실패 가능성도 우려하고 있다(전규안 · 고종권, 2005).

3.1.3 부메랑 효과에 의한 자본시장의 와해

집단소송제를 비롯하여 부실감사 회계법인에 과도한 책임을 부과(기업의 부정을 적발하지 못한 책임까지도 감사인이 지는 경우)한다면, 자본시장이 효율적으로 작동되기보다는 오히려 감사인이 부실감사 책임을 회피하기 위해 피감사회사에 대해 보수적인 감사의견을 표명할 가능성을 높이게 한다. 또한 소송과 손해배상 책임의 표적이 된 대형 회계법인들이 상대적으로 위험책임이 낮은 경영컨설팅, 장부기장대리 쪽으로 업무를 전향함에 따라 결국 투자자들이 자본시장에서 활용할 수 있는 정보의 위험도 높아지게 된다. 그렇게 되면 투자자보호를 위해 시행된 제도가 오히려 투자자들의 투자실패로 연결되어 자본시장의 교란과 사회적 비용의 증가를 가져오게 될 수도 있다. 왜냐하면 투자자들은 자신들의 투자실패를 보상받을 수 있는 법적 장치와 제도들이 정비될수록 합리적인 투자자로서의 노력을 게을리하게 될 것이고 이러한 도덕적 해이는 더 많은 투자실패와 더 많은 소송(거품소송)을 촉발시키는 원인으로 작용할 수 있기 때문이다(이상돈, 2004).

3.1.4 전문가책임 및 직업인격의 해체

전문직업으로서 공인회계사직을 수행하기 위해서는 고도의 지식체계가 요구되며 이로 인해 회계 전문직으로의 진입에는 엄격한 제한이 있을 뿐만 아니라 복잡하고 어려운 지식체계를 지속적으로 갱신시켜 나가야 하는 과정도 필수적으로 수반된다(이경락, 2001)

검증된 회계정보를 자본시장에 유통시킴으로써 희소한 자원을 효율적으로 배분하는 회계 전문직의 사회경제적 역할과 책임은 경제발전에 따른 회계보고기능의 발달과 더불어 점차 증가되어 왔다. 이와 같은 회계 전문직의 사회경제적 책무는 자신들이 소유한 전문적 지식을 의뢰회사나 종업원은 물론, 심지어는 자기 자신도 아닌 공익을 위해 사용해야 하는 사회적 요구에 직면해 있다. 즉, 공인회계사는 공공의 이익을 중시하는 공공감시자로서의 역할을 수행한다는 점에서 의뢰인의 이익만을 위해서 봉사하면 되는 변호사, 의사 등 다른 전문가에 비해 훨씬 광범위하고 무거운 역할과 책임을 지고 있는 것이 사실이다.

공인회계사, 세무 변호사 등과 같이 전문적 지식을 가진 전문가에 대해서는 통상적인 계약책임보다 더욱 높은 수준의 주의의무를 요구하고 있는데 이는 업무의 공공성, 전문성, 의뢰인에 대한 특별한 신뢰관계, 전문가의 재량적 판단의 여지, 전문가의 집단성 등의 특징을 지니고 있기 때문이다. 이와 같은 전문가책임을 다하지 못하고 부실감사를 하여 자본시장과 투자자들에게 불이익을 주고 자신과 의뢰회사의 이익만을 추구해온 일부 공인회계사들에게 무거운 손해배상 책임을 부여하는 것은 타율적이기는 하나 전문가로의 책무를 다하도록 유도한다는 면에서 어느 정도 의의를 지닌다고 보여진다.

그러나 지나치게 엄격한 손해배상 책임을 부과하는 경우 자본시장을 유지 · 발전시키기 위한 공인회계사들의 역할을 축소시켜, 방어적이고 소극적인 자세로 자신의 생존과 이익만을 위한 의사선택(보수적인 감사의견, 개인사무소나 중소법인으로 전환)을 하게 만들 수 있다. 이렇게 될 경우 공인회계사는 자본주의 발전과 효율적인 자본시장 형성을 위한 전문직업인으로서의 핵심적 역할, 즉 공익을 위해 봉사하는 노블리스 오블리제마저 상실하게 된다. 이로 인해 자신들만이 가지는 고유한 직업적 정체성인 직업인격의 해체를 경험하게 될 수도 있다.

3.2 증권 관련 집단소송제의 보완책

3.2.1 합리적인 외부감사제도의 정착

부실감사보고서를 신뢰하고 투자한 소액 다수투자자들이 집단소송을 제기한다면 소송당사자인 투자자, 가해자인 외부감사인, 법원, 자본시장 등 모든 자본시장 참여자들이 엄청난 시간적 · 물질적 피해를 감수하게 되고 극단적인 경우에는 감사시장의 실패 내지는 자본시장의 심각한 왜곡현상이 나타날 수도 있다. 따라서 집단소송법에 의해 문제를 해결하기 전에 합리적인 외부감사제도를 정착시킴으로써 부실감사를 사전적으로 예방하는 것이 최선의 방법이 될 것이다.

구체적인 방안을 제시해 보면 첫째, 감사인의 선임과 변경을 피감사회사와 이해관계를 가지고 있는 다양한 이해관계자들로 구성된 감사위원회에서 결정하도록 함으로써 감사인의 독립성을 보장하자는 것이다. 둘째, 감사인이 전문가적 견해를 가지고 이해관계자들로부터의 독립된 입장을 지속적으로 유지해 나가기 위해서는 사외이사제, 소유와 경영의 실제적 분리, 외부감사인의 최소계약 기간 보장제도 등이 안정적이고 실제적으로 정착되어야 할 것이다. 셋째, 공인회계사 집단의 자율적인 자기규제 방안들—자율감리, 감리자료의 확대, 상호감리제도, 자율적인 신분법적 징계기준 마련 등—을 마련함으로써 높은 수준의 직업윤리의식과 전문가책무를 갖도록 한다.

3.2.2 공평한 수준의 규제를 위한 법개정

분쟁 당사자들 간에 상호합의 과정을 마련하여 분쟁을 자율적으로 해결하도록 하는 법규(조정제도)를 마련함으로써 소송에 따르는 엄청난 손실을 미연에 방지하도록 유도한다. 이 경우 조정을 통해 손해배상을 해야 하는 경우에는 가해자인 공인회계사가 적립한 배상기금의 일종인 강제보험에서 지급하도록 하는 방안이 활용될 수 있을 것이다(이상돈, 2004). 이러한 사전 조정제도 및 배상기금 활용을 통해 감사인과 회계법인에 부과되는 과중한 법적 · 경제적 책임을 완화시켜 법적 공평성을 실현하고 공인회계사들이 본래의 직무에 충실할 수 있도록 돕는 것이 바람직하다.

3.2.3 회계개혁법안의 안착

2001년 10월에 발생한 엔론의 회계부정사건으로 미국 내 자본시장은 물론이고 미국 경제 전체의 신뢰성은 큰 타격을 입게 되었다. 이에 기업의 투명성을 확보하고 투자자의 신뢰회복을 통한 자본시장의 정상화를 위해 강력한 회계개혁법안인 Sarbanes-Oxley법을 신속하게 제정(2002년 7월 30일)하였다. 우리 정부도 미국을 비롯한 선진국가들의 이러한 움직임에 발맞추어 2003년 6월 일련의 회계개혁법안을 국회에 상정하였으며, 이 중 상당수는 원안대로 의결하게 되었다. 다음에서는 국회의 의결을 통과한 회계관련 개혁법안을 소개하고자 한다.

① 주식회사의 외부감사에 관한 법률

i) 회계부정에 대한 신고 또는 고발을 한 자의 신분상 비밀을 보호하고 이들에게 불이익한 대우를 한 회사와 임직원에게 연대손해배상 책임을 부여한다.

ii) 주권 상장법인 및 코스닥 상장법인 회사의 회계정보와 관련한 부정행위를 신고한 자에 대하여 포상금을 지급한다.

iii) 외부감사대상인 회사는 회계정보의 작성과 공시를 위하여 회계정보의 검증방법, 회계관련 임 · 직원의 업무분장 등을 정한 내부회계관리제도를 갖추도록 하고, 감사인은 당해 회사에 대한 감사업무를 수행하는 경우 내부회계관리제도의 운영실태 등을 검토하도록 한다.

ⅳ) 비공개 중소기업은 현실적인 여건을 감안하여 2007년 6월 30일이 속하는 사업연도 말까지 내부회계관리제도의 구축 및 운영대상에서 제외한다.

ⅴ) 주권상장법인 및 협회등록법인이 동일 감사인으로부터 6개 사업연도를 초과하여 감사를 받지 못하도록 하되, 외국인투자기업으로서 모기업과의 관계상 연속감사가 불가피한 경우와 외국 증권거래소 상장기업으로서 회계투명성이 상당한 수준 보장되는 기업의 경우는 예외로 한다.

ⅵ) 감사인은 감사를 실시한 후 감사조서를 작성하고 이를 8년간 보관해야 한다.

ⅶ) 감사보고서의 기재사항을 명확히 규정하고, 회계감사기준을 대통령령이 정하는 바에 따라 한국공인회계사회가 정하여 금융감독위원회의 승인을 받도록 한다.

② 증권거래법[4]

ⅰ) 유가증권신고서 · 사업보고서 등 공시서류의 허위기재 및 누락 등을 방지하기 위하여 대표이사 등의 확인 및

---

4 증권거래법은 2007년 8월 3일 자본시장과 금융투자업에 관한 법률(법률 8635호)의 제정으로 2009년 2월 폐지, 대체되었다.

서명을 의무화하고, 상법상 업무집행지시자에 대하여도 공시서류의 허위기재 및 누락 등으로 인한 손해배상 책임을 지도록 한다.

ii) 불공정 증권거래행위를 증권선물위원회에 신고 또는 제보한 자의 신분상 비밀을 보호하고, 이들에 대한 불이익 대우를 금지하며, 신고 또는 제보에 대한 포상을 할 수 있도록 한다.

iii) 회계 또는 재무전문가 1인 이상을 감사위원회의 위원으로 포함하도록 하여 감사위원회의 전문성을 제고한다.

iv) 주권상장법인 및 협회등록법인의 주요주주 및 임원에 대한 금전 대여 또는 채무이행의 보증을 금지한다.

v) 공시서류의 허위기재 및 중요한 사항의 누락을 인지하고도 이를 진실 또는 정확하다고 증명하여 감사보고서에 그 뜻을 기재한 공인회계사 · 감정인 또는 신용평가를 전문으로 하는 자를 5년 이하의 징역 또는 3천만원 이하의 벌금에 처하도록 한다.

vi) 대통령령이 정하는 주권상장법인 또는 협회등록법인의 사외이사가 당해 회사 이사 총수의 과반수가 되도록 한다.

③ 공인회계사법

i) 공인회계사 및 회계법인이 특정기업과 감사업무에 관한 계약을 체결한 경우 계약 기간 동안에는 감사업무 외에 재무제표작성 등 당해 기업과 이해상충의 가능성이 높은 업무(회계기록과 재무제표의 작성, 내부감사업무의 대행, 재무정보체제의 구축 또는 운영, 그 밖에 재무제표의 감사 또는 증명업무와 이해상충의 소지가 있는 것으로서 대통령령이 정하는 업무)는 행하지 못하도록 한다.

회계개혁법을 비롯해서 외환위기 이후 도입한 다양한 제도들은 나름대로 부실한 국내 회계환경을 적극적으로 개혁[5]하고자 하는 정부의 의지가 충분히 반영된 것으로 여겨진다. 그러나 이러한 개혁법안이 마련되었다 하더라도 법규의 미비점을 이용해서 기회주의적인 선택을 할 여지는 여전히 있을 것이다. 예를 들면, 감사인과 피감사회사 간의 유착을 막고 감사인의 독립성을 제고시키기 위해 감사 기간을 6년으로 제한하였지만 감사인이 의무교체주기가 도래하기 전에 회계법인을 옮긴 후 감사업무를 계속 수행해 나가는 편법을 사용한다면 본래의 회계개혁법의 제정취지

5 이 개혁법이 제대로 정착되어 시행된다면 증권 관련 집단소송의 남발과 같이 국가사회적으로 엄청난 비용을 발생시키는 문제를 감소시킬 수 있을 것이다.

는 달성될 수가 없는 것이다.

더 나아가 회계개혁법이 제대로 정착되어 실효를 나타내기 위해서는 자본시장 참여자들의 의식개혁은 물론이고 이 새로운 시스템을 유지 · 보완해 나가기 위한 사후적인 노력과 비용－내부통제 시스템의 설계, 유지비용, 이를 감사하는 감사인의 현실적인 노력, 이해상충으로 인한 수많은 소송의 제기, 법원의 가중되는 업무량 등－이 엄청나게 소요된다는 사실을 깊이 인식할 필요가 있을 것이다.

그간 우리나라의 경제주체들은 자본시장과 국가경제의 건전한 발전과 육성이라는 기본원칙보다는 각자가 자신들의 이익과 생존만을 위한 단기적이고 협의적인 의사결정을 수행해 왔다. 대기업 경영자들은 경제적이고 합리적인 의사결정과 투명한 회계보고를 통해 기업가치를 극대화하기보다는 국가의 특혜성 지원을 바탕으로 무분별한 사업확장과 이윤추구만을 도모한 나머지 자본시장 참여자들과의 건전한 상호관계를 유지 · 발전시키는데 기여하지 못하였다. 채권은행들 역시 자본시장의 주요한 자금공급원으로서 효율적인 자원분배를 하기보다는 정부정책 수행자의 역할에만 충실한 결과 은행파산과 자본시장 교란의 주범이 되고 말았다. 투자자들은 합리적인 판단과 의사결정과정을 통한 경제적인 의사결정자로서 자본주의 경제의 주체가 되지 못하고 단기적인 이익과 무분별한 투자를 함으로써 건전한 자본시장의 창달에 기여하지 못했다.

공인회계사들은 희소한 국가자원의 효율적 배분 및 경제주체들 간의 정보불균형 해소를 위한 봉사—공익을 위한 봉사—라는 전문가로서의 역할과 책무를 다하지 못하고 기업의 부실회계를 보증해준 보증자라는 낙인과 함께 사회의 지탄의 대상이 되고 말았다. 그 결과 사회의 통합이 와해되고 사회전체적인 비효율이 극대화되어 결국은 외환위기라는 미증유의 사태를 맞이하고야 말았다.

현실적으로 어려운 국가경제상황 하에서 만들어진 강력한 개혁법안이 소기의 목적을 달성하고 그간 통용되어온 기업의 부실회계, 외부감사인의 부실감사와 같은 총체적인 회계부정을 종식시키고 합리적이고 투명한 자본시장을 반드시 구축할 수 있기를 진심으로 기대하는 바이다. 그러나 사회·국가적 혼란과 위기는 고도로 정비된 제도의 미비 때문이 아니라 이를 운용하고 이에 의해 통제받는 주체들의 올바른 인격과 투철한 사명감의 결여로 인해 발생한다는 점을 역사는 우리에게 분명히 말하고 있다.

4. CPA의 직업적 특성과 직업인격 회복방안

국가경제의 총체적 갈등과 위기극복을 위해서 제정된 회계개혁법안(증권 관련 집단소송제를 포함해서)의 실질적인 정착과 우리 경제와 국가의 장기적인 안녕을 보장받기 위해서는 각 경제주체들이 기독교적 직업윤리와 사명을 재인식함으로써 해체된 직업적 정체성(직업인격)을 되찾는 것만이 새로운 출발점이 될 것이다. 본 절에서는 먼저 전문직업인인 공인회계사의 직업적 특성에 대해 살펴보고 직업윤리 회복을 위한 다양한 방안들과 이를 실질적으로 정착하기 위한 기독교적 인간관에 대해 구체적인 논의를 진행할 것이다.

4.1 공인회계사의 직업적 특성

전문직업으로서 회계 전문직이 가지는 특징으로는 크게 복잡한 지식체계, 공익을 위한 봉사, 일반대중으로부터의 신뢰 등을 들 수 있다. 먼저 회계 전문직은 고도의 전문적인 지식체계(technical knowledge mechanism), 즉 그들만이 공유하는 독특한 언어구조(specific language structure)를 지니고 있다. 따라서 회계 전문직으로의 진입에는 엄격한 제한이 따르고 있으며, 다년간의 실무경험과 지속적인 교육과정을 통해 복잡한 현안들을 처리할 수 있는 능력을 갖추고 있어야 한다. 즉, 회계 전문직에 종사한다는 것은 복잡하고 어려운 지식체계를 지속적으로 갱신시켜(update) 나가야 하는 인생의 행로에 접어든 것이나 다름이 없다.

적절한 회계기준과 신뢰할 수 있는 재무보고를 통해 희소한 자원을 효율적으로 배분하는 회계 전문직의 사회경제적 역할과 책임은 경제발전에 따른 회계보고기능의 강화와 더불어 점차 증가되어 왔다. 회계 전문직은 직업적 특성상 전문적 지식과 도덕적 가치가 혼재된 상황 속에서 판단을 내려야 할 경우가 많으며 이로 인해 복잡한 갈등관계에 놓이게 될 위험에 항상 노출되어 있다.[6]

국제회계사연맹(IFAC)에서 공표한 윤리규정에서도 공인회계사들이 업무 수행과정에서 직면하는 윤리적인 갈등관계를 인정하고 이를 해결하기 위한 절차를 제시하였을 뿐만 아니라, 공인회계사회 내에 윤리적 갈등 해결에 도움을 줄 수 있는 상담실을 운영할 것을 규정하고 있다. 이러한 규정은 회계 전문직의 직업적

---

6 따라서 공인회계사윤리기준(2006. 7. 12. 제정)에서는 윤리적 갈등에 대한 해결절차를 구체적으로 명시하고 공인회계사가 해결할 수 없는 중요한 갈등이 있는 경우, 한국공인회계사회 또는 법률 전문가에게 조언을 요청함으로써, 비밀유지의무를 위반하지 아니하고 윤리적 사안에 대한 지침을 얻을 수 있도록 규정하고 있다.

특성을 깊이 인식한 결과로 보여지며 회계 전문직의 윤리적 갈등 문제를 적극적으로 해결하려는 의도로 보여진다. 그러나 우리나라의 경우에는 공인회계사윤리기준이 마련되어 윤리적 갈등문제에 대한 지침을 제시하고는 있지만, 아직 윤리적 갈등문제에 대한 인식이 상당히 부족한 실정이다. 또한, 집단소송과 같이 사회적 비용이 극대화되는 선택을 사전에 차단하기 위한 제도적 장치들도 정교하게 발달되어 있지 않은 상황이다. 따라서 증권 관련 집단소송은 회계법인과 공인회계사들에게 큰 부담으로 작용하고 있다.[7]

대부분의 회계담당자들(CPAs)은 매우 실제적인 성향을 지니고 있기 때문에 윤리적, 추상적, 철학적 논의에 대해서는 거부반응을 나타내는 경우가 많다. 뿐만 아니라, 회계담당자들은 윤리적 갈등문제를 다루는 실제적인 방법에 대해 공식적인 교육훈련을 받은 경험도 부족한 편이다.[8] 그러나 1997년 말 IMF 이후 국내 회계업계에도 부실회계에 대한 법적 제재가 강화되고, 윤리적

---

7 개인적 차원에 비해 사회적 문제나 갈등을 해소하기 위한 협상절차들은 훨씬 복잡하고 다양하다(김태훈 옮김, 2011).

8 2015년부터 한국공인회계사회 「연수규정시행세칙」에서는 연간 40시간의 의무연수 중 필수과목인 직업윤리를 2시간에서 8시간으로 대폭 확대하도록 하였다. 공인회계사들을 대상으로 한 윤리교육의 확대는 매우 바람직하고 고무적인 일이라 보여진다. 다만, 일반 회계담당자들을 위한 윤리교육과 윤리적 갈등문제를 해결하기 위한 제도와 절차를 마련하는 것이 필요하다고 판단된다.

갈등이 증폭되고 있어 이로 인한 법적 소송의 증가가 예상되고 있다.

회계 전문직이 가지는 또 다른 직업적 특징은 일반대중으로부터의 신뢰가 중요시된다는 점이다. 왜냐하면 회계 전문직이 창출하는 것이 바로 신뢰성(creditability)이라 할 수 있으며, 일반대중으로부터 신뢰받지 못한 공인회계사(Certified Public Accountants ; CPA)의 검증기능은 의사결정자들에 의해 유용한 정보원으로 활용될 수가 없게 된다. 한편, 모든 공인된 전문직 업계에서는 직업윤리규정을 제정하여 시행해 오고 있는데, 그 기본적 목적은 전문직업계의 구성원들에게 전문가적 태도를 유지케 하고 직업적 능력을 향상시키기 위한 지침을 제공하는 데 있다(권찬태, 1986). 회계 전문직에서도 공인회계사윤리기준을 두어 공인회계사들이 전문직업인으로서의 높은 직업적 책임감과 윤리의식을 견지해 나가고 있다는 인식을 고객과 일반대중에게 확산시키는 역할을 하고 있다.[9]

9 우리나라의 경우에도 공인회계사직업윤리규정이 1961년 11월 1일에 제정된 이후에 9차례에 걸쳐 개정되어 왔으며(공인회계사직업윤리규정, 한공회 내규 제2호, 제정 1961. 11. 1, 최종개정 1999. 11. 26), 그 이후 공인회계사윤리기준(2006. 7. 12 제정)으로 대체되었다.

4.2 공인회계사의 직업인격 회복방안

전문직업의 특성은 고도의 지적 기술활용, 금전적 보수보다는 공공에의 봉사, 업무수행에 있어 광범위한 자율권 행사 등으로 요약될 수 있다. 최근 공인회계사들이 전문직으로서 가지는 최대의 장점이라 할 수 있는 업무수행에 있어서의 자율성이 집단소송제와 같은 타율적 힘에 의해 종속되거나 견제를 받게 된 것은 그간 회계전문가로서의 사회적 봉사책무를 신의성실한 자세로 추구하지 못한 결과라 여겨진다.

전문직의 자율성이 통제받는 현상은 전문가의 고유한 특성의 상실을 의미하며 이것은 그 전문직업의 직업적 정체성, 즉 직업인격이 상실되었음을 의미한다. 전문직업인이 금전적 보수에 집착하여 본연의 직업적 본질을 망각한 것은 본인에게뿐만 아니라 그 전문직업인 단체나 사회 지도층에 대한 국민의 신뢰가 추락했음을 의미한다.

자본시장의 건전한 육성을 통한 국가경제의 발전을 도모하기 위해서는 경제 · 경영 분야의 최고전문가라 할 수 있는 공인회계사의 직업윤리 회복이 무엇보다 절실하다 하겠다. 이를 위해서는 우선 공인회계사의 직업적 정체성과 관련된 대학 경제 · 경영 분야의 윤리교육이 재검토되어야 할 것이다. 경상대학의 전공 커리

큘럼 내에 직업윤리나 공인회계사의 직업인격에 대한 내용이 포함되어 있지 않거나 내용이 포함되어 있더라도 담당교과목의 강사가 중요성을 두지 않고 가르치고 있는 현실은 냉정히 재검토되어야 할 것이다.

저자의 개인적 견해로는 대학의 모든 전공과목에 관련 직업의 정체성과 직업윤리에 대한 강좌를 필수과목으로 개설할 필요가 있다고 본다.[10] 공인회계사 2차 시험이나 면접에서 공인회계사의 직업윤리와 관련된 내용을 포함시키는 것도 고려해 볼 만하다. 또한 대학의 정규 교과과정이나 공인회계사 시험에서뿐만 아니라 공인회계사의 직업윤리 교육은 평생교육의 차원에서 실질적인 교육이 이루어져야 할 것이다. 금감위나 공인회계사회 내에서 자체 규정을 마련하여 윤리경영을 달성한 회계법인을 매년 시상함으로써 일반 국민에 대한 신뢰감을 회복하는 노력도 필요할 것이다. 학회나 국가기관에서는 대학이나 공인회계사들의 윤리교육을 위한 교재개발이나 직업적 정체성 회복을 위한 다년차 연구프로젝트를 개발 · 수행하여 정체성 회복을 위한 기반을 마련해 나가는 것도 중요할 것이다.

한편, 공인회계사는 의뢰인의 이익만을 변호하는 변호사와는

---

10 회계전공의 경우에는 국내외에서 발생한 다양한 회계 소송이나 회계담당자의 윤리적 갈등에 관한 사례를 통해 케이스별 학습이 이루어지는 것이 바람직할 것이다.

달리 일반 대중의 권익을 보호해야 하는 직업적 특성을 지니고 있다. 이로 인해, 회계 전문직 종사자들은 자신이 소속된 기업이나 회계법인의 이익과 일반 대중의 이익이 상충되는 윤리적 갈등 관계에 종종 직면하게 된다. 공인회계사들이 이러한 윤리적 갈등 문제를 본인의 노력만으로 해결하는 데는 많은 어려움이 있는 것이 사실이다. 이러한 공인회계사들의 직업적 갈등문제를 우리 사회가 이해하고 이를 해결하기 위한 국가 차원의 공식적인 위원회를 설치 · 운영함으로써 부분별한 집단소송의 제기를 미연에 방지할 수도 있을 것이다. 예를 들면 회계업무와 관련된 각종 단체나 기관(금감위, 전경련, 상장협, 공인회계사회, 회계학회, 시민단체 등)의 권위자들로 구성된 가칭 "감사업무 갈등해소위원회"를 통해 공인회계사들의 업무상 수반되는 다양한 윤리적 갈등문제를 상담하고 지원해 줄 수 있을 것이다.

5. 결론 : 성경적 인간관을 통한 실질적 직업인격 회복

앞서 우리는 자본주의 경제체제가 만들어낸 고도의 전문 직업군에 속하는 공인회계사의 직업적 특성과 집단소송과 관련하여 상실된 직업적 정체성을 회복하기 위한 다양한 방안들을 살펴보았다. 현대 자본주의의 대표적 특징은 다양한 이해관계자들이 자신들의 이익을 극대화하기 위한 공동의 장(자본시장)을 마련하고 이를 통해 소기의 목적을 달성하기 위한 경제적 선택을 지속적으로 수행해 나가고 있다는 점이다.

특히 희소한 자원을 가진 이해관계자들이 합리적이고 경제적인 선택을 하기 위해서는 신뢰할 만하고 목적적합한 정보의 활용이 필수적이다. 이를 위해 공인회계사들은 정보소유의 면에서 상대적 약자인 일반 대중을 위해 정보의 편재 현상을 해소시키고 질 높은 정보를 자본시장에 유통시켜야 할 사회적 책임을 가지고 있다. 이러한 사회적 · 직업적 책무를 실질적으로 완수하기 위해서는 성경적 직업관의 이해(이윤재, 2004)와 이를 바탕으로 한 직업윤리의 재확립이 반드시 이루어져야 한다. 아무리 좋은 제도개혁이 마련되었다 하더라도 이를 실행하는 인격의 회복이 선행되지 않는다면 진정한 개혁은 달성되지 못한다는 사실을 역사는 명백히 보여주고 있다.

공산주의 이론은 인간이 개발해낸 가장 이상적인 사회에 대한 비전이었으나 이를 실행하는 진정한 공산주의 인격체의 부재로 1세기를 넘기지 못하고 공허한 이론이 되고 말았다. 즉, 공산주의를 주창하고 이를 통해 사회의 개혁을 시도해온 어떠한 사람도 진정한 공산주의적 인격체—계급이 소멸하고 생산력이 극도로 확대된 이상사회에서 의욕에 따라 일하고 필요한 만큼 소비할 수 있는 인격체—가 아니었던 것이다.

플라톤 이래로 인간들이 실현하고자 했던 가장 이상적인 사회의 붕괴와 공익을 위해 자신의 전문적 지식을 사용해야 할 공인회계사의 직업적 정체성 상실은 어쩌면 동일한 맥락—타락한 인간의 본성은 결국에는 자신의 유익을 위한 사회적, 직업적 선택을 할 수밖에 없다는 맥락—속에서 이해되어야 할 것이다.

네 이웃에 대하여 거짓 증거하지 말지니라(You shall not give false testimony against your neighbor) : 신명기 5장 20절

위의 성경 구절이 암시하는 바는 크게 두 가지이다.

첫째는 창조주 하나님은 진실이시고 따라서 거짓 증거를 미

워하시는 본성을 가지신 분이라는 점이다.

둘째는 타락한 인간본성 속에는 거짓(그 본질은 사탄)이 자리 잡고 있으며 이로 인해 언제 어떠한 조건과 환경을 만나기만 하면 거짓 증거의 형태로 사탄의 표현이 될 수밖에 없다는 사실이다(현승혜, 2013). 예수가 십자가에 못 박혀 돌아가신 것은 거짓인 세상이 진실한 하나님 아들을 거부하고 버려버린 사건이다. 사람들은 예수를 죽여버림으로써 타락한 자신들을 위장하고 변명하려 하였지만 오히려 만천하에 예수의 진실됨을 전시하고 만 것이다. 이것이야말로 하나님의 지혜라고 하지 않을 수가 없는 것이다.

그렇다면 영원하고 절대적인 진실을 외면하고 버려버린 인간에게는 희망이 없단 말인가? 이 질문에 모든 사람은 진실하게 답해야 할 것이다. 타락한 인간에게는 어떠한 희망도 없으며 — 어떠한 진정한 제도의 개혁도 타락한 그 본성이 발휘된다면 결국에는 수포로 돌아갈 것이므로 — 따라서 인간에게 유일하게 남아있는 마지막 소망은 타락하지 않는 본성회복을 가능케 하는 참아들 안에서의 인격회복인 것이다(요 15 : 12, 롬 6 : 4). 우리는 쓸모없다고 십자가에 매달아 죽여버렸지만 하나님이 인정하시고 다시 살리신 영원한 한 인격이신 그리스도만이 참 개혁자이시고 진정한 직업인격 회복을 가능케 할 원천인 것이다.

참고문헌

고종권 · 전규안(2005), "한국회계학회 심포지엄" 발표논문, 서울대학교, 1-71.

공인회계사윤리기준(2006. 7. 12. 제정).

공인회계사직업윤리규정(최종개정 1999. 11. 26).

곽관훈(2005), 「외부감사인에 대한 손해배상제도의 사회적 기능과 책임제도제한의 도입」, 『상장협』 51 : 134-158.

권찬태(1986), 『CPA의 역할과 책임』, 경북대학교출판부 : 19-20.

김홍규(2004), 「증권 관련집단소송제의 도입과 남소의 방지」, 상장협 49 : 3-21.

박세일(2004), 『법경제학』, 서울 : 박영사.

스튜어트 다이아몬드, 김태훈 옮김(2011), 『어떻게 원하는 것을 얻을 것인가』, (주)도서출판 세계사 : 379-395.

이경락(2001. 3), 「회계 전문직의 윤리적 갈등에 관한 분석적 검토」, 상장: 6-9.

이상돈(2004), 「부실감사책임 : 과잉규제와 탈규제 사이에」, 『규제연구』, 13 : 73-99.

이윤재(2004), 『성경속의 경제학』, 숭실대학교 출판부 : 178-221.

이준섭(2004), 「남소문제와 그 대책」, 전경련, 474.

이철송(1999), 「증권거래관련 손해배상처우제도의 구조」, 『인권과 정의』, 277.

이형기(1999), 「증권거래법상의 민사책임에 대한 고찰」, 『인권과 정의』, 277.

조셉 텔루슈킨, 현승혜 옮김(2013), 『유대인의 한마디』, 청조사, 15-100.

The Bible(개역개정 4판).

색인

ㅂ

ㅅ

ㅇ

신앙의 관점에서 바라본 경제 · 경영

초판 1쇄 발행 2017년 9월 11일
초판 3쇄 발행 2019년 4월 5일

저자 이경락
펴낸이 박기남
책임편집 차은지
기획 · 영업 박정헌
펴낸곳 **율곡출판사**
08590 서울시 금천구 가산디지털1로 84(에이스하이엔드 8차), 803호
전화 (代) 02) 718-9872/3
팩스 02) 718-9874
홈페이지 http://www.yulgokbooks.co.kr
이메일 yulgokbook@naver.com
등록 1989.11.10. 제2014-000031호
ISBN 979-11-87897-20-0 03210

정가 15,000원